Lob des Lobens

Thomas Chorherr

Lob des Lobens

Neue Kraft durch Anerkennung

:STYRIA

© 2009 by Styria Verlag
in der Verlagsgruppe Styria GmbH & Co KG
Wien–Graz–Klagenfurt
Alle Rechte vorbehalten
www.styriaverlag.at

Umschlaggestaltung: Bruno Wegscheider
Produktion und Gestaltung: Alfred Hoffmann
Fotos: Die PRESSE/Michaela Bruckberger
Reproduktion: Pixelstorm, Wien
Druck und Bindung:
CPI Moravia Books

ISBN 978-3-222-13258-2

Inhalt

Prolog	7
Loben, verloben, entloben	12
Der brave Autobuschauffeur	16
Die Lehrrede des Erasmus	24
Großer Gott, wir loben Dich!	29
Das soziale Lächeln in der Krippe	32
Ratschläge für die Chefetage	38
Nur keine „Gratifikationskrise"!	45
Müssen Gegner auch Feinde sein?	56
Jahrmarkt der Eitelkeit	69
Die Dosis macht das Gift	77
Das Kompliment und die Schmeichelei	83
Wenn Kardinäle applaudieren	90
Fräulein N. muss ich loben	102
Darf man nach dem Essen lügen?	110
Was kann der Sigismund dafür?	125
Gekauftes Lob, gesponsertes Lob	134
„Best of" – wer sagt das?	142
Wie schon die Alten sungen …	148
Was Hund und Katze freut	154
Ist es ein gutes Land?	159
Epilog	166

Prolog

Unsere Gesellschaft – das heißt: jeder von uns – ist schuldig. Grundprinzipien des menschlichen Beisammenseins werden verletzt, und zwar unausgesetzt. Wir nehmen nicht zur Kenntnis, dass das Nebeneinander etwas anderes ist als das Miteinander. Wir loben zu wenig. Wir glauben, dass das Lob unmodern geworden ist. Wir tadeln zu viel, und der Applaus kommt zu kurz.

Auch ich bekenne mich schuldig. Denn ich habe zu viel gescholten und zu wenig gelobt. Ich habe das Negative stets deutlicher gesehen als das Positive und habe danach gehandelt. Was Lob, und sei es auch nur ein klitzekleines, für andere bedeutet, habe ich in all den Jahren, da ich zu entscheiden hatte (oder zu wissen glaubte), was gut ist und was schlecht, nicht geahnt. Was mir dadurch entgangen ist und was den anderen gefehlt hat, habe ich erst viel später erkannt. Ein Lob des Lobens wäre längst fällig gewesen.

Dabei hätte ich es viel früher schon wissen können. Spätestens damals, als Bruno Kreisky, der österreichische Bundeskanzler, scherzhaft seinen Vater zitierte, der auf einem Rundgang durch seine mährische Textilfabrik auf eine überschwängliche Begrüßungsrede erwiderte: „Sie haben keine Ahnung, wie viel Lob ich vertragen kann." Ob der langjährige Regierungschef der Republik Österreich dieses berichtete, weil ihm in der politischen Arena gefehlt hat, was sein Vater in jener der Arbeitswelt so reichlich erfahren konnte, weiß ich nicht. Ich weiß jedenfalls, dass er sich eigentlich im Grunde darüber nicht hat beklagen dürfen. Wurde er nicht in den Medien immer als „Sonnenkanzler" bezeichnet?

Sicher freilich ist, dass das Lob, genauer: das Gute, das zu jemandem oder über jemanden gesagt wird, auch in der

Politik – fast möchte ich sagen: vor allem auch in der Politik – zur Seltenheit wurde. Warum ist die Anerkennung zu einem Begriff geworden, der bei vielen aus dem Bewusstsein schwand? Warum eigentlich sprechen wir so ungern aus, dass Leistung, was immer man darunter verstehen mag, lobenswert ist? Lob ist „anerkennende Beurteilung", las ich in einem Lexikon. Lob werde einer Gesinnung und einem Verhalten entgegengebracht – und natürlich auch (hier haben wir es wieder, dieses vermaledeite, offenbar teilweise schon negativ besetzte Wort) der Leistung. Der Begriff ist vielseitig und facettenreich. Über ihn wird in diesem Buch noch wiederholt und ausführlich geschrieben werden.

Aber Schluss mit trockenen Definitionen! Sonst müsste ich auch noch erläutern, dass das Lob – so lese ich es in einem anderen Nachschlagewerk – den Zweck hat, „eine sittliche Entscheidung zu leiten und zu verselbständigen". Was man damit sagen wollte, habe ich nicht verstanden – ich gebe es offen zu. Halten wir vielmehr fest: Lob in der Familie, in der Ehe, im Berufsleben, in der Politik, sogar in der Weltpolitik – das ist wie Trinkwasser in der Glut. Das ist wie kühlender Schatten in der Wüste. Lob ist erquickend. Es zeigt, dass man beachtet wird. Dass man anerkannt wird.

Gelegentlich (leider recht oft) ist das alles in die Vergangenheit zu setzen. Dann wird das Lob in die Grabrede verpackt. Als eine der berühmtesten (wir wollen später noch einmal auf sie zurückkommen, weil sie so beispielhaft ist) gilt jene, die Shakespeare den Marcus Antonius an der Bahre des Julius Caesar sprechen lässt: „Mitbürger! Freunde! Römer! Hört mich an! Begraben will ich Cäsarn, nicht ihn preisen. Was Menschen Übles tun, das überlebt sie, das Gute wird mit ihnen oft begraben. So sei es auch mit Cäsarn!"

Das Gute, das Marcus Antonius über Caesar zu sagen hatte, vermischt sich mit deutlicher, vom Volk nicht zugleich wahrnehmbarer und am Ende tödlich werdender Schelte gegen Brutus – aber das ist eine andere Geschichte. Die Rede des Marcus Antonius ist jedenfalls eines der wichtigsten Beispiele einer *Laudatio funebris*, wie sie in der Antike sogar in den Redeschulen gelehrt wurde. *De mortuis nil nisi bene*, hieß es. Marcus Antonius hat diesen römischen Grundsatz, dass man nämlich über die Toten nur Gutes sagen dürfe (möge? solle?), feinsinnig umgewandelt. Nicht zuletzt deswegen wird uns ein Ausflug in die Geschichte des Lobs (und der Schmeichelei – der Unterschied wird noch ausführlich zu beschreiben sein) nicht erspart bleiben.

Denn das Loben (oder auch das Fehlen des Lobs) gleicht einem Ewigkeitswert. Seine Bedeutung zieht sich vom Alten Testament bis ins dritte Jahrtausend. Eine Umfrage unter deutschen Arbeitnehmern hat vor nicht allzu langer Zeit ergeben, dass den Interviewten ein Zeichen der Anerkennung keineswegs nur in klingender Münze gegeben werden sollte. Ein Großteil der Befragten meinte, dass ihnen eine deutlich ausgesprochene Anerkennung wertvoller erscheine als eine Gehaltserhöhung. Ob im Fall der Fälle die Aufbesserung des Lohnzettels nicht doch höher geschätzt werde als ein „Brav, brav!" des Chefs, mag dahingestellt bleiben.

Sicher aber ist, dass die Motivation durch ein Wort der Anerkennung ungemein gesteigert wird. Genauso sicher ist freilich, dass wir alle, aus welchen Gründen auch immer, das Negative häufiger und vielleicht auch lieber sehen als das Positive. Es ist wie mit dem Trinkglas, das halb voll ist oder halb leer, wie immer man es nehmen will. Beides entspricht der Wahrheit, gleichzeitig auch der Stimmung des Betrachters oder auch dem Wunsch, das Negative oder das Positive zu erkennen.

Wenn ein Schrankenwärter Zeit seines Lebens den Balken rechtzeitig schließt, um einen Unfall zu vermeiden, wird seine Arbeit nicht anerkannt. Dass er seinen Posten richtig ausfüllt, gilt als selbstverständlich. Aber wehe, er vergisst

einmal das, wozu er verpflichtet ist: Dann folgt die Strafe, und sei es nur eine in Worten, auf dem Fuß. Das Gute wird in der Industriegesellschaft und auch in der postindustriellen für natürlich gehalten. Ausschussware wird gerügt. Andererseits habe ich mich immer gewundert, dass Polizisten in aller Öffentlichkeit und bisweilen auch vor den Fernsehkameras gelobt worden sind, weil sie jemanden, der ein Verbrechen begangen hatte, dingfest gemacht haben. Wozu sind sie denn da, die Polizisten? Müssen Feuerwehrleute gelobt werden, weil sie einen Brand löschen?
Ich gebe zu: Sich näher mit dem Wesen von Lob und Tadel zu befassen, kann schnell auch in die Irre führen. Offenbar ist es besser, sich beidem zu enthalten und jener Geisteshaltung anzuhängen, die man so gerne als „Wurstigkeit" bezeichnet. Und wenn schon, dann ist Tadel, im flächenweisen Auftreten auch als Raunzerei bekannt, immer noch einfacher als die ausgesprochene Anerkennung. Vor vielen Jahren hat eine Wiener Tageszeitung den Versuch gemacht, jeweils eine kleine Meldung als „Die gute Nachricht" zu publizieren. Es sollte aus der kleinen und der großen Welt jeweils ein, nur ein einziges Ereignis gedruckt werden, von dem man annehmen musste, dass es die Menschen erfreuen würde, dass es gute Laune hervorrufen würde, kurz: dass es eben die „gute Nachricht" sei. Die tägliche.
Der Versuch wurde innerhalb kurzer Zeit wieder aufgegeben. Es war, so meinten die Journalisten, nicht möglich, eine solche tägliche gute Nachricht zu finden. Es war nicht möglich, auch nur eine Spur von Positivem zu entdecken, das journalistisch verwertbar gewesen wäre. Medienleute glauben ja fest daran, dass nur eine schlechte Nachricht eine gute sei: *Only bad news is good news*. Ich behaupte, dass dieser Grundsatz noch ausgeweitet werden muss. Nach meiner Erfahrung müsste er lauten: *Only bad news is news*. Soll heißen: Nur eine schlechte Nachricht ist überhaupt eine Nachricht.

Das war natürlich nicht immer so. In den Hungerjahren nach 1945, als inmitten der Ruinen der erste zaghafte Wiederaufbau begann, brachten die Zeitungen und das Radio sehr viele gute Nachrichten, und sie wurden alle verschlungen: hier ein paar Kilometer Straßenbahn in Funktion, dort eine Verkürzung der Gassperrzeiten, die es damals natürlich gab, dann wieder eine Verbesserung der Lebensmittelversorgung, vielleicht auch eine Intensivierung des Zugsverkehrs. *Good news* schlägt *Bad news*. Von letzterem hatte man bis zum Überdruss erfahren, man hungerte nach Positivem.

Und heute? Was ist der Grund dafür, dass wir, die im 21. Jahrhundert leben, es so schwer über die Zunge bringen, dass uns etwas gefällt? Was ist der Grund dafür, dass in unserer Gesellschaft immer weniger gelobt und immer mehr getadelt wird? Warum fällt es uns so schwer, Anerkennung auszusprechen, jemanden fühlen zu lassen, dass wir uns über das, was er tut, freuen? „Gelobt sei Gott", sagt der Kerkermeister im *Fidelio*, als ein Trompetensignal die Befreiung des Häftlings ankündigt. Gott zu loben fällt nicht schwer. Den Mitmenschen zu loben, ist offenbar schwierig. Ich bekenne mich schuldig. Auch ich habe, wie ich anfangs bekannt habe, viel zu wenig gelobt, wo etwas lobenswert gewesen wäre – und das war viel. Es ist mir nie bewusst gewesen, was das Lob, und sei es nur ein ganz kleines, für einen Menschen bedeuten kann. Es ist ein wichtiger Teil der Psychohygiene. Leider wissen es die wenigsten.

Deswegen ist es ist höchste Zeit, das Loben zu loben. Das Lob ist lobenswert. Ich, der ich gesündigt habe, erhoffe mir durch dieses Buch die Absolution.

Loben, verloben, entloben

Warum ärgern wir uns eigentlich so viel? Warum sind wir immer wieder grantig, wie es so schön – oder besser unschön – heißt? Warum sehen wir viel häufiger und offenbar auch viel lieber das Negative, auch im Anderen? Ist denn das Leben, jedenfalls für die meisten von uns, nicht lebenswert? Und ist es denn dann nicht auch lobenswert?
Wir brauchen nicht Psychologie oder gar Psychiatrie zu studieren, um zu wissen, dass da eine „Fehlschaltung" vorliegt. Irgendetwas ist nicht in Ordnung in der Beziehung von Mensch zu Mensch, und zwar in jeder Art von Beziehung, auch jener in der Familie.
Wir denken, scheint es, viel zu negativ. Wir haben Hemmungen, uns positiv zu geben. Es fällt uns offenbar viel leichter, uns dem Ärger hinzugeben als dem Wohlgefühl. Das Motto *think positive*, immer wieder in jenen Büchern gepredigt, die die menschliche Befindlichkeit verbessern wollen, wird meist nicht beachtet. Und das ist schade.
Denn dieses *think positive* fehlt dann auch dort, wo es – ja, wo es eben auch die verbal ausgedrückten Kontakte zum Mitmenschen betrifft. Und da sind wir eigentlich beim Thema dieses Buchs. Klar und einfach gesagt: Wir haben Hemmungen, jemanden zu loben. Irgendwie stört es uns, zu bekennen, ob, was, wie und warum wir etwas am Nächsten gut finden, eben positiv.
Am Ende nämlich könnten wir zur Einsicht kommen oder gar bekennen müssen, dass der oder die Nächste besser ist. Wenn wir Lob aussprechen, könnte dies anderwärts die Runde machen und vielleicht sogar zur Missachtung des

eigenen Ichs führen. Vielleicht ist dies einer der Gründe dafür, warum Kollegenlob so selten ist – aber darüber an anderer Stelle.

Das Lob fällt uns schwer, deswegen verzichten wir darauf. Wir sind gehemmt. Wie sehr wir den anderen und, wie wir im Laufe dieses Buches feststellen werden, auch uns selbst damit das Leben schwer machen, wissen wir nicht.

Es fällt uns eben schwer, zu loben, auch wenn wir denken und fühlen, dass Lob richtig wäre und gerecht und gewiss am Platz. Wir machen, um eine Redewendung ins Gegenteil zu verkehren, aus unserem Herzen eine Mördergrube. Wir loben nicht, obwohl wir das Wort „Lob" so oft und so gern im Mund führen.

Freilich in Verbindungen, die völlig vergessen lassen, woher der Wortstamm kommt. Wir sprechen von „loben" und verwenden dieses Wort in Zusammensetzungen, die uns eigentlich nachdenken lassen müssten. Wenn wir etwas mit der Absicht versprechen, dieses nicht zu brechen, geloben wir. Die Staatsdiener, vor allem auch die Soldaten, werden angelobt. Sie sprechen ein Gelöbnis. Die zweite Symphonie von Mendelssohn heißt *Lobgesang*. Und wenn zwei Menschen einander das Versprechen geben, heiraten zu wollen, verloben sie sich.

Einspruch. Das feierliche Versprechen beabsichtigter Eheschließung ist in unseren Breiten nicht mehr modern. Die Zweierbeziehung hat ein Verlöbnis nicht mehr notwendig. Das Ver-loben macht ein späteres Ent-loben überflüssig. Verloben? Hat dies, nimmt man es genau, wirklich etwas mit „loben" zu tun? Es läge jetzt nahe, sich über die Vorsilbe „ver" Gedanken zu machen. Dies ist müßig. Selbst Germanisten wissen kaum eine treffende Antwort. Was hat ver-loben mit ver-lieben zu tun (außer, dass das erstere die Folge des letzteren sein kann, aber nicht sein muss)? Jedes Ver-sprechen wird allzu leicht ver-gessen, vor allem dann, wenn es um den oder das Ver-dienst geht. Deutsche Sprache, schwere Sprache! Es ist interessant, welche Wege die Gedanken nehmen, wenn Lob und loben auf ihre Wurzeln hin untersucht werden.

Zwischen loben und versprechen könnte man, will man philosophieren, einen Zusammenhang feststellen. Verloben ist das Versprechen, in absehbarer Zeit (bisweilen dauert es viele Jahre) zu heiraten. Es sei denn, man entscheidet sich für die „Entlobung". Entloben: Hat das wirklich etwas mit „loben" zu tun?

Aber sehen wir weiter in diesem Wörterbuch des Lobs. Da finden wir das Wort „ausloben". In der Tat: Das könnte mit dem Versprechen in Beziehung stehen, demjenigen, der der Richtige ist (wobei auch über das „richtig" zu diskutieren wäre), den Zuschlag zu geben. Das Versprechen ist mannigfach. Soldaten, Beamte, Funktionäre werden „angelobt". Sie versprechen, treu zu dienen. „So wahr mir Gott helfe!", ist dann ein häufig gebrauchter Zusatz. Wenn der Präsident der Vereinigten Staaten angelobt wird (symbolträchtig auf den Stufen des Kapitols und auf die Bibel schwörend), sagt er zum Schluss: *So help me God!* Die Angelobung ist in jedem Fall ein Versprechen. Es wird ja gelobt. Man merke den Unterschied: „Geloben" ist nicht „loben", hat aber doch, wie gesagt, gemeinsame Wurzeln.

Lob und loben: Wir finden die Wörter an verschiedenen Orten unseres Sprachschatzes und in interessanter Zusammensetzung. Hat Goethe Recht? In seinem *Faust* lässt er ausgerechnet Mephistopheles aussprechen, was, so scheint mir, auch auf das 21. Jahrhundert gemünzt sein könnte: Denn eben, wo Begriffe fehlen, da stellt ein Wort zur rechten Zeit sich ein. Mephistopheles der Teufel. Kann das Wort „Lob" auch vom Teufel sein?

„Als Kaiser Rotbart lobesam ..." – Ludwig Uhlands *Schwäbische Kunde* hat man, als das Auswendiglernen noch modern war, in der Schule gelernt. Lobesam: Heute nicht mehr gebräuchlich, bezeichnet es einen Menschen oder auch einen Gegenstand, der zu loben war. Der „löblich" ist. Wieder ein Wort, das etwas mit loben zu tun hat.

Da gefällt mir der Begriff „lobenswert" viel besser, und auch unter „lobwürdig" können wir uns vielerlei vorstellen. Was angeblich „lobgierig" bedeutet, ist gerade in Zeiten wie diesen fast zur Alltäglichkeit geworden. In Zeiten freilich, da ein anderes Wort aktuell ist: lobhudeln. Auch hier ist der Sprung in die Politik nicht fern. „Lobeshymnen" werden auf Politiker gesungen, die nicht immer lobwürdig sind. Sie nehmen jede Art von Lobpreis aber doch dankbar entgegen. Lob ist eben auch eine Frage des Zeitpunkts. Oder auch des Standpunkts. Wie man will.

Der brave Autobuschauffeur

Lobenswert, lobenswürdig, Lobpreis, Lobeshymne: Spätestens jetzt ist es notwendig, zu definieren. Was ist Lob eigentlich? Was versteht man wirklich darunter? Es gibt eine Erklärung, eine Definition, die auf den Punkt bringt (so sagt man doch heute, oder?), was unter dem Wort, besser unter dem Begriff, zu verstehen ist. Das Zitat stammt aus unbekannter Quelle, ist aber trotzdem treffend. „Lob: Ein Mittel, einen Menschen dahin zu bringen, dass er es verdient", steht in *Der boshafte Zitatenschatz* von Ernst Günter Tange.

Es ist die soziale Anerkennung einer Leistung; dass in diesem Buch immer wieder von Leistung und Anerkennung gesprochen wird, ist nicht zu vermeiden, da doch das eine mit dem anderen und beide mit dem Lob direkt zusammenhängen. Aber mir scheint doch jene Definition besonders zutreffend, die ein Unbekannter formuliert hat: In der Tat sei Lob ein Mittel, einen Menschen dahin zu bringen, dass er es verdiene.

Verdienst ist in diesem Fall mit weiblichem und nicht mit männlichem Artikel zu verstehen, obgleich die beiden in gewissem Grad nicht immer zu trennen sind. Der Verdienst kann sich oft danach richten, wie groß das Verdienst ist. Aber lassen Sie mich an zwei Beispielen erzählen, welche Erfahrungen ich mit Lob gemacht habe, das ich gleichsam als Wiedergutmachung für meinen früheren Fehler in den letzten Jahren spendete. Es sind geradezu alltägliche Erfahrungen. Und ich schreibe sie, weil sie als Ermunterung gelten könnten: „Gehe hin und tue das Gleiche …".

Ich bin schlecht zu Fuß. Verständlich daher, dass ich recht häufig jene Autobusverbindung benütze, die man in Wien den „City-Bus" nennt. Sie wissen: jene wendigen Wagen, die klein genug sind, um dort, wo es in der Altstadt knapp wird, doch noch um die Ecken zu kurven.
Ich liebe den City-Bus nicht nur, weil er praktisch ist. Ich schätze ihn nicht zuletzt, ja vor allem auch deswegen, weil seine Fahrer zu den liebenswürdigsten kommunalen Bediensteten gehören, die ich kenne. Sie sind freundlich, herzlich und entgegenkommend.
Solches ist auch in buchstäblichem Sinn zu verstehen: Sie verlassen ihren Sitz am Lenkrad und helfen dir, wenn du mit dem Einsteigen Schwierigkeiten hast. Und wenn es notwendig ist (und der Mechanismus funktioniert), senken sie sogar den ganzen Bus, um es dir zu erleichtern, das Fahrzeug zu entern. Lobenswert, nicht wahr? Ein Anlass zu loben, oder?
Irgendwann, dachte ich freilich in diesem Fall, irgendwann müsstest du dich revanchieren. Irgendwann einmal solltest du Laut geben: Du solltest zu erkennen geben, dass dich das Verhalten der Buschauffeure freut. Vor allem, weil es nicht selbstverständlich ist. Und weil es einfach ist, zu schelten, wenn du keinen Sitzplatz bekommst oder der Bus sich nicht an den Fahrplan hält, oder sich der Lenker als mürrisch erweist. Du solltest, ja du musst irgendwann einmal zeigen, dass du gegebenenfalls das Verhalten der Buschauffeure zu schätzen weißt.
Es genügt nicht, so schien mir, ein kurzes „Dankeschön" zu sagen, allenfalls auch dankbar zu lächeln, unter Umständen gar noch beim Aussteigen jene Floskel zu verwenden, die, aus Amerika kommend, seit Jahren auch die deutsche Umgangssprache erobert hat: „Einen schönen Tag noch". Wobei das „noch" aus mir nicht erkennbaren Gründen offenbar besonders wichtig ist.

Ich habe mich daher schon vor langem daran gewöhnt, den fälligen Dankesworten ein oder zwei freundliche Sätze hinzuzufügen. Ich rühmte – leise zwar, aber doch so deutlich, dass es auch die Mitreisenden vernehmen konnten – das Verhalten des Lenkers. Ich sagte ihm, dass ich nicht nur seine eigene Zuvorkommenheit zu schätzen wisse, sondern auch jene seiner Kollegen, denn ich sei ja ein ständiger Fahrgast und habe feststellen können, dass er, der betreffende Lenker, kein Einzelfall sei, alle anderen seiner Kollegen seien gleicherweise „kundenfreundlich".

Der Buslenker ist in jedem Fall, wie ich sofort feststellen kann, erfreut, um nicht zu sagen: glücklich. Er bedankt sich gleichfalls für das, was ich ihm völlig gratis und franko gespendet habe: Lob. Weil ich von der immer wieder feststellbaren, unausgesetzten Freundlichkeit der beamteten Chauffeure beeindruckt war, tat ich noch ein Übriges. Ich schrieb einen Brief an die Direktion.

Es sei, erklärte ich, vielleicht ungewöhnlich, dass ein Fahrgast seine positiven Eindrücke schildere, wo es doch üblich sei, sich nur dann an die vorgesetzten Stellen zu wenden, wenn es etwas zu kritisieren oder zu tadeln gäbe. Ich aber, schrieb ich, wollte den entgegengesetzten Weg gehen. Ich wollte das Positive übermitteln. Ich wollte – ja, ich wollte ganz schlicht und einfach Lob spenden. Ich wollte das tun, was der für die öffentlichen Verkehrsmittel der Stadt zuständigen Stelle zu wenig zur Kenntnis gebracht wird. Ich wollte loben – einfach das. Ich wollte tun, was mir aus unerklärlichen Gründen normalerweise fast peinlich war, unangenehm. Ich weiß nicht, warum – ich hatte es bisher nicht für notwendig gehalten, etwas nicht nur positiv zu finden, sondern dies auch zu sagen.

Und siehe: Es geschah daraufhin, was keineswegs geschehen musste, aber in diesem Fall doch passierte. Ich erhielt einen Antwortbrief. Man freue sich über meine Zufriedenheit,

wurde darin geschrieben. Es komme ja wirklich nicht oft vor, dass ein Fahrgast das Verhalten der Angestellten lobe, vielmehr gäbe es eigentlich nur Kritik: dass die Tür geschlossen werde, obgleich jemand noch zusteigen wollte, dass der Autobus zu schnell oder zu langsam fahre, dass er zu kurz in den Stationen halte, und was dergleichen Beschwerden mehr sind. Umso mehr, schrieb die Direktion, schätze man meinen Brief. Und man werde selbstverständlich dessen Inhalt allen Mitarbeitern zur Kenntnis bringen. Vielleicht hat man das Schreiben am Schwarzen Brett ausgehängt. Vielleicht hat man es in der Betriebszeitung (sofern es eine solche gibt) publiziert. Vielleicht hat man es auch nur der Personalvertretung mitgeteilt, mit der Bitte, es in Umlauf zu bringen. Es ist mir egal: Hauptsache, die Leute haben erfahren, dass sie gelobt wurden. Es ist für sie, was ich auch in dem Antwortbrief der Direktion las, nichts Selbstverständliches, ganz im Gegenteil. Lob ist eine Seltenheit, Lob von Kunden zumal.
Durch diese Reaktion ermuntert, wagte ich eine Wiederholung, diesmal in einer anderen Branche. Der Lift in meinem Wohnhaus musste überholt werden. Die Arbeiten, hieß es auf einem Aushang der Aufzugfirma, würden am letzten Tag des betreffenden Monats abgeschlossen sein. Und siehe: Sie waren es auch. Zwei Tage nach dem bekanntgegebenen Termin war der Lift wieder in Betrieb. Nun war ich mit an Sicherheit grenzender Wahrscheinlichkeit davon ausgegangen, dass, wie üblich und auch allgemein bekannt, solche Termine fast nie eingehalten werden – das reicht vom Straßenbau bis zur Tischlerei. Das ist eben so, jeder weiß es und versucht, sich danach zu richten – Umleitungen im Straßenverkehr sind da noch das geringste der Übel.
Im betreffenden Fall war es anders, die Arbeiten am Lift waren eine Ausnahme. Der Termin wurde eingehalten, und ich schrieb wieder einen Brief, diesmal an die Firma, und

bedankte mich für die Tatsache, dass die Arbeiten so zeitgerecht beendet werden konnten, dass man sich wirklich allen Ernstes danach richten durfte.
Und wieder war das Ergebnis das gleiche. Wieder bekam ich die Antwort, die jener der Busverantwortlichen zum Verwechseln ähnlich war: Man freue sich über meine Reaktion, müsse feststellen, dass sie eine Rarität war, weil ansonsten immer nur kritisiert werde, und man werde nicht versäumen, davon nicht nur jene Arbeiter in Kenntnis zu setzen, die mit der Liftüberholung betraut waren, sondern die ganze Belegschaft des Betriebs. Man wisse das Lob zu schätzen. Denn dass man sich an etwas halte, das versprochen worden sei, werde als selbstverständlich angenommen. Aber wehe, es würden Termine auch nur um wenige Tage überschritten. Dann sei der Teufel los.
Ich habe gelobt. Und siehe: Es war nicht schwierig, und der Erfolg war dennoch groß. Ich hatte von der Zufriedenheit, die mir das Verhalten der anderen gebracht hatte, diesen anderen berichtet, im Falle eines einfachen „Dankeschön" sogar ohne jeden Zeitverlust. Das Lob hatte dennoch sein Ziel erreicht. Es hatte kein Problem damit gegeben.
Oder doch? Einmal hat mich ein Buschauffeur, dem ich davon erzählte, dass ich mich bei den „Wiener Linien" schon einmal brieflich für die Zuvorkommenheit der Lenker bedankt habe, fast händeringend gebeten, von einem Lob an höherer Stelle Abstand zu nehmen. Es werde nämlich intern das Gegenteil von dem, das ich erzielen wollte, erreicht. Der Betreffende würde „eine auf den Deckel kriegen". Er müsse ja seinen Fahrplan einhalten, und allzu große Hilfsbereitschaft (etwa, wenn ein Bus noch einmal anhalte, um einen Behinderten einsteigen zu lassen) wirke sich dann negativ aus.
Ich habe Lob gespendet. Spenden: eigentlich in diesem Zusammenhang ein ungewöhnliches, ja ein skurriles Wort,

finden Sie nicht auch? Aber trifft es nicht doch den Nagel auf den Kopf? Man spendet, wozu man nicht gezwungen ist. Man gibt freiwillig und ohne jeweils auf Antwort zu warten oder mit ihr zu rechnen. Spenden heißt geben, ohne sofort auch zu nehmen.

Man spendet Lob. In der Tat: Man spendet es. Und noch einmal ist die Frage zu stellen, die fast die wichtigste ist in diesem Buch: Was ist Lob eigentlich? „Die anerkennende Beurteilung einer Gesinnung, Verhaltensweise oder Leistung", heißt es als ebenso trockene wie unvollständige Erklärung im Internet. Und weiter: „Als erzieherisches Mittel bietet das Lob neben dem Tadel eine bedeutende Möglichkeit, die sittliche Entscheidung eines Menschen zu leiten und zu verselbständigen."

Ist das alles? Ich möchte die Frage „Lob – was ist das?" auf meine eigene Art beantworten. Ich glaube, dass das Lob eine der wichtigsten Ausdrucksformen zwischenmenschlicher Beziehung ist. Jawohl, es ist zumeist (aber, wie wir sehen werden, keineswegs immer) mit Leistung verbunden. Mehr noch: Lob ist so etwas wie die soziale Anerkennung einer Leistung. Aber ist das alles?

Ich möchte auf meine höchstpersönliche Art erläutern, was ich unter Lob verstehe, obgleich ich es bereits im Prolog angedeutet habe. Lob ist meiner Meinung nach ein Wert an sich, freilich einer, der viel zu wenig und vor allem zu wenig oft gehandelt wird. Lob ist eine Münze aus Gold, die man hortet, ohne sie auszugeben – ja sie, wie es gelegentlich im Märchen vorkommt, verschluckt und daran erstickt. Lob – das bedeutet Herausheben, gewiss des Gelobten, aber auch des Lobenden. Es gibt Menschen, die sich lieber die Zunge abbeißen würden, als „Bravo!" zu rufen – was in diesem Fall ideell und nicht wörtlich gemeint ist; Bravo-Rufer können, wie ich weiß, auch als überaus störend empfunden werden, darüber aber später.

Lob ist eine der positivsten Erscheinungsformen und Ausdrucksweisen der Kommunikation. Es ist eine Erscheinungsform des *give and take*. Man gibt und empfängt. Man spendet (wieder „spenden"!) Freude, im Regelfall zumindest, der durch Ausnahmen bestätigt wird. Und man erntet (ebenfalls in der Regel) Dankbarkeit. Nicht immer freilich. Oft kommt Lob erst dann, wenn der Gelobte es nicht mehr hören kann. Auch darüber wird noch ausführlich zu referieren sein. *De mortuis nihil nisi bene?* Werden die Toten wirklich nur gelobt?

Lob erzeugt Freude – und soll sie auch erzeugen. Es gehört, wie gesagt, zum Positivsten in der Skala des Kontakts von Mensch zu Mensch. Es erzeugt meist Dankbarkeit, und diese wieder wird dem Lobenden gleichsam zurückgespendet. Loben ist Gunst-Erweis. Wer lobt, ist dem Gelobten im Allgemeinen günstig gesinnt. „Günstig": Das kommt von „Gunst". Auch ein Beispiel für die Vielfalt der deutschen Sprache. Wir sprechen ja auch oft von der „Gunst des Augenblicks". Ist auch der Augenblick des Lobs gemeint? Wann, wo und wie gelobt wird, gelobt werden soll oder gar muss, auch darüber möchte ich erzählen.

Allein, Lob ist eben dem Tadel benachbart. Und da sind wir wieder bei einer der Eigenarten deutscher Wortbildung. „Tadellos", sagen wir, wenn etwas perfekt ist, exzellent, über alle Maßen gut. Tadellos – also des Tadels los, demnach nicht anfällig für Tadel. Aber ist tadellos gleichbedeutend mit lobenswert? Gehören Lob und Tadel zusammen, ist das eine das Gegenteil vom anderen, oder sind sie gleichsam Stiefgeschwister des menschlichen Umgangs miteinander? Die „Bravo"- und „Buh"-Rufer sitzen oft benachbart.

Es ist möglich, dass wir alle zu wenig loben, weil Loben eine Kunst ist. Das richtige Maß zu gebrauchen, ist ebenso schwierig, wie die entsprechende Art zu finden. Ungerechtes Lob stiftet Verwirrung, Neid und Missgunst, soll, wenn man den Begriff richtig auslegen will, offenbar negative Gunst bedeuten. Manager-Lehrgänge nehmen nicht zuletzt das richtige Loben als Unterrichtsgegenstand.

Da wird etwa gelernt, was der Unterschied zwischen Lob und Belohnung ist. Es gibt gewiss Gemeinsamkeiten. Die Fachhochschule Kiel hat sie aufgelistet. Gemeinsam haben die beiden, dass sie positive Maßnahmen sind und eine Leistung – da haben wir es wieder, dieses so viel gebrauchte Wort Leistung – anerkennen. Noch einmal: Lob und Belohnung sind Anerkennung einer Leistung.

Aber dann gibt es Unterschiede, die beträchtlich sind. Das Lob erfolgt „eher nachträglich". Vor der Leistung zu loben, kann nur als Ermunterung verstanden werden. Die Belohnung aber ist genau diese Ermunterung, weil sie „oft in Aussicht gestellt" wird. Sie ist zudem „eher materiell", und sie kann nicht nur in Lohn, sondern, weil eben materiell, auch aus einer Vorrückung bestehen.

Kann man solche Unterschiede verstehen? Belohnen ist leicht, weil unpersönlicher. Lob ist schwieriger. Man sollte es mehr üben. Aber man kann loben nicht lernen. Vielleicht, weil es so wenig geübt wird.

Die Lehrrede
des Erasmus

Das Lob – eine Seltenheit? Stimmt nicht. Es wird viel gelobt. Sehr viel sogar. Aber nur in Buchtiteln. Hier ist die Liste freilich umfangreich. Was alles gelobt wird und wer aller lobt, ist fast nicht aufzuzählen. Ich will es dennoch auszugsweise versuchen. Vor allem deswegen, weil in diesem Register Namen zu finden sind, die man gemeinhin nicht als solche von Lobspendern kennt.

Da ist etwa Erasmus von Rotterdam. Dieser bedeutendste Humanist seiner Zeit, der Wende vom 15. zum 16. Jahrhundert, war bahnbrechender Philologe, Theologe, Kirchen- und Kulturkritiker und so angesehen, dass selbst gekrönte Häupter es als Auszeichnung empfanden, mit ihm im Briefwechsel zu stehen. Ob sie dies taten, bevor oder nachdem sie sein *Lob der Torheit* gelesen hatten, wissen wir nicht. Wir wissen aber, dass er es *Laus Stultitiae* genannt hat; auch unter dem Titel *Lob der Narrheit* ist es erschienen.

Seltsamerweise ist diese Lobeshymne, die eigentlich gar keine ist, das berühmteste und auch beste Buch des Erasmus. Er lobt die Torheit und in Wahrheit, einem Umkehrschluss folgend, die Weisheit. Er zeigt die Torheit als Kanzelrednerin mit einer Schellenkappe und nennt sie „Mora" – weil Thomas Morus sein bester Freund war und Erasmus das Werk auf einer Reise nach England zu Papier gebracht hat.

Eine „Lehrrede": Das sind die Ausführungen des Erasmus. Kurt Steinmann, der die Schrift aus dem Lateinischen übersetzte, hat in einem Nachwort unter anderem drei Konzeptionen der Torheit geschildert, wie sie Erasmus aufschrieb: „Die Torheit als Vermittlerin von Illusionen, die notwendig sind, um das Leben in diesem Leben angenehm oder wenigstens erträglich zu machen; die Torheit als wirkende Macht in Gesellschaft und Geschichte; die Torheit des Evangeliums und der mystischen Entrückung."

Dass dieses Lob – eigentlich, wie gesagt, eines „der Dummheit" – auch heute noch eine ergötzliche Lektüre darstellt, hat seine Ursache eben darin, dass Erasmus auf fast geniale Weise das Gegenteil von dem meint, was er die „Mora" sagen lässt. Er behauptet, selbst die Entstehung des Lebens sei „dem rauschhaften und grotesken Spiel der Torheit zu verdanken". Ohne sie würde sich kein Mensch der Lächerlichkeit des Zeugungsakts hingeben und kein Mann und keine Frau würden sich, den Spiegel klarer Vernunft vor Augen, unter das Joch des Ehestandes beugen. „Der Törichte ist glücklich dran, weil er keine Todesfurcht und keine Gewissensqualen kennt, keine Scham, keine Scheu, keinen Ehrgeiz, keinen Neid und keine Leidenschaft. Wo der Narr auftaucht, bringt er Lebenslust, Spaß, Kurzweil und Frohsinn mit sich. Die Spaßgesellschaft ist eine Narrengesellschaft."

Was Erasmus von Rotterdam in nicht immer leicht nachvollziehbarer Weise seinen Lesern beibringen wollte, dass nämlich das Lob der Torheit eigentlich eines der Intelligenz sein sollte – das hat in einem anderen „Lobgesang" José Antonio Marina in seinem *Lob der Intelligenz* erläutert, das er bezeichnender Weise *Die Überwindung der Dummheit* nannte. Die Intelligenz, sagt er, sei ein Triumph des Lebens; „Weisheit ist die Intelligenz, die uns zum privaten Glück und zum politischen Glück, also für Gerechtigkeit, befähigt."

Aber es gibt auch, von einem deutschen Lehrer verfasst, ein *Lob der Disziplin*: Bernhard Bueb nennt sein Buch „eine Streitschrift" und meint, dass nur eine sinnvolle Ausübung von Macht durch Eltern und Lehrer die Heranwachsenden zu züchtigen Menschen gestalte. „Bei der Suche nach der rechten Mitte zwischen den Gegensätzen Gerechtigkeit und Güte, Disziplin und Liebe, Konsequenz und Fürsorge, Kontrolle und Vertrauen müssen wir lernen zu gewichten, wir müssen aber vor allem lernen, uns nicht verführen zu lassen, der Güte, der Liebe und der Fürsorge immer den Vorrang zu geben." Bueb empfiehlt „mehr Mut zur Strenge".

Nicht zeitgemäß, wie mir scheint – und keinesfalls „politisch korrekt". Aber will man wirklich nach *political correctness* suchen in der langen Liste der Lobliteratur? Ich las vom *Lob der Pellkartoffel* und vom *Lob des sozialen Faulenzens*, vom *Lob der Fliege* und vom *Lob der Zärtlichkeit*, vom *Lob des Flohs* und vom *Lob des Kalauers*. Es wunderte mich nicht, von einem Buch zu erfahren, in dem das *Lob des Bettes* gesungen wurde und natürlich vom *Lob der Faulheit* – ausgerechnet von einer Dame, die selbst Brigitte Lob heißt und ihre Lobsprüche von *Lob dem Fehler* über *Lob der Ehe* bis zu *Lob des Schöpfers* spannte. Natürlich gibt es auch ein *Lob des Mainstreams*, ein *Lob der Prüderie*, sogar ein *Lob der Provinz*. Erasmus-Studenten können sich am *Lob des Unsinns* ergötzen, Geographen am *Lob des Golfstroms*.

Wer einmal lügt, dem glaubt man nicht und wenn er auch die Wahrheit spricht? Lob der Lüge findet man in der Liste der Lobesbücher ebenso wie das Lob der Intelligenz. Und Mario Vargas Llosa schrieb einen Roman mit dem Titel *Lob der Stiefmutter*. Noch mehr Titel gefällig? Sogar ein weltberühmter zeitgenössischer Philosoph hat sich in einem Essay über das Lob geäußert – Bertrand Russell. 1950 erhielt er den Nobelpreis für Literatur. *Lob des Müßiggangs* lautete der Titel eines seiner Aufsätze.

So viel Lob – und doch so wenig Lust zu loben? Man schreibt gerne darüber, und offenbar liest man auch gerne

darüber. Aber selbst loben – das möchte man nicht. Man „vergibt sich etwas". Was eigentlich?
Ist man zu schüchtern? Ist es die Angst, dass man selbst auf den zweiten Platz verdrängt werden könnte? Könnte Neid ein Beweggrund mangelnden Lobes sein? Scheut man sich, die Vorzüge anderer Personen anzuerkennen, und zwar ausdrücklich? Oder lobt man nicht gerne, weil Tadel viel einfacher ist? Gewiss, loben ist eine Kunst. Nicht jeder beherrscht sie. Mehr noch: die allerwenigsten zumeist.
Loben ist nicht „in". Fast könnte man sagen: Es schickt sich nicht. Es gibt zwar viele Bücher, die, wie wir gesehen haben, das Wort „Lob" im Titel haben, aber etliche, wenn nicht sehr viele, meinen es scherzhaft. Es gibt keine Anleitung zum Loben, kein Einmaleins, keine Rezeptur, weil sie nicht gebraucht wird. Die lange Literaturliste ist keine einschlägige, weil sie offenbar nicht ernst gemeint ist. Man spaßt über das Lob, man reißt Witze darüber, aber es wird sehr selten ausgeübt.
Intellektuelle loben nicht. Das Lob, könnte man meinen, widerspricht der Intelligenz – obgleich es, siehe oben, den Buchtitel *Lob der Intelligenz* gibt. Ein Widerspruch in sich? Wer lobt, kann sich nicht als Intellektueller bezeichnen, sagen viele. Er darf tadeln, aber „brav, brav!" zu sagen, widerspricht seinem Ego. Komisch! Vielleicht offenbart sich da die Selbstentlarvung der so genannten Intellektuellen; diese zu definieren, fällt ohnehin schwer, es sind allzu viele darunter, die mehr oder weniger erfolgreich vortäuschen, es zu sein.
Es ist tatsächlich ungebräuchlich, zu loben. Fast könnte man sagen: Es gehört sich nicht. Wer lobt, gibt etwas preis, vielleicht von seiner Seele, vielleicht vom Herzen. Mit Lob kann man kein Geschäft machen, weit eher mit Tadel. Lob ist unpopulär.

Viel populärer ist es, das erwähnte *think positive* ins Gegenteil zu kehren. Die Zahl der Schimpfwörter ist in allen Sprachen unübersehbar. Wer mit Worten beleidigen will, braucht nicht lange in Büchern zu suchen. Aber suchen Sie einmal sprachliche Hilfe, um loben zu können. Forschen Sie nach verbalem Handwerkszeug, um zu zeigen, wie zufrieden Sie sind. Lob ist in jeder Beziehung schwierig, nicht zuletzt in sprachlicher Hinsicht.

Vor allem auch aus diesem Grund ist es zu erklären, dass sich Tadel oft besser verkauft als Lob. Die Verhältnisse, sie sind eben so? Stimmt nicht. Die Verhältnisse sind besser, als wir glauben – selbst in Zeiten wie diesen. Aber man findet mehr Gefallen darin, dass „denen da oben" die Leviten gelesen werden. Ob es nun um *Charakterfehler* geht oder um *Politikerbeschimpfung* oder um die *Feinde des talentierten Schülers*, also um Missstände in den Schulen – nicht nur die Kinder, sie hören es gerne, nein: Das Volk nimmt befriedigt zur Kenntnis, dass es nicht viel Lobenswertes gibt in dieser Welt und dass man die Menschen ausdrücklich und energisch auf diesen Mangel hinzuweisen hat.

Dass es viel, sehr viel in der Welt gibt, das als lobenswert gelten darf, das Lob verdient, und dass unser aller Fehler ist, es zu übersehen oder es ganz einfach nicht zu erwähnen, weil Lob eben nicht schick ist und nicht „in" – das, verzeihen Sie mir, stört mich. Es sollte auch Sie stören. Deshalb habe ich dieses Buch geschrieben.

Großer Gott, wir loben Dich!

Es ist eines der schönsten und, wie ich meine, eines der eindrucksvollsten Lieder der christlichen, besonders der katholischen Kirche: *Großer Gott, wir loben Dich!* Und dann weiter: *Herr, wir preisen Deine Stärke*. Ein anderer ist diesem Gesang gleich: *Die Himmel rühmen des Ewigen Ehre*. Drei Wörter, die das gleiche meinen. Oder nicht?

Loben, preisen, rühmen. Es sind Begriffe, die das gleiche aussagen und doch verschieden sind, nicht nur in der Sprache, nicht nur als Vokabel. Preisen und Rühmen wollen etwas anderes aussagen. Sie sind gleichsam direkter als das schlichte Loben. Und doch heißt das bekannteste Liederbuch der Christen *Gotteslob*. Lob, der Ausdruck der einfachsten und doch wichtigsten Beziehung des Menschen zu dem, der, wie der gläubige Mensch weiß, ihn geschaffen hat?

Gott oder die Götter zu loben und dafür Wohltaten zu erfahren, ist die älteste Form des Gebets. Es ist eine Art des *Do ut des.* Es ist Ausdruck des Danks. „Gelobt sei …" ist von Alters her ein Kern, ja vielleicht sogar das Wesen des Gebets. „Gelobt sei Gott!" ist zudem ein Ausdruck der Erleichterung. Rocco, der Kerkermeister, sagt es in Beethovens *Fidelio,* als die Trompete die Ankunft des rettenden Ministers meldet. Es ist ein „Endlich!", das dankbar ausgesprochen wird. Und wem soll man danken, außer dem lieben Gott?

Das zu loben, was der Mensch als „höheres Wesen" betrachtet, gehört zu den urtümlichsten, ursächlichsten Ausdrucksformen der Menschheit. Alle monotheistischen

Religionen sind darin einig, dass das Göttliche gelobt und gepriesen werden muss. In der katholischen Liturgie kommt dem „Gloria" besondere Bedeutung zu. Es ist nur verständlich, dass es gerade auch in den komponierten Messen als Musikstück prominent aufscheint. *Gloria in excelsis deo*: Das haben die Engel am Weihnachtsabend gesungen. Ehre sei Gott in der Höhe!
Aber: Alle Engel singen zu hören, ist das nicht im Grunde eine Verballhornung? Wieso eigentlich höre ich sie singen, wenn ich mit dem Kopf an eine Tür renne? Wo doch die Engel, wie wir meinen, ununterbrochen Preisgesänge intonieren, sofern sie nicht als Schutzengel gerade aufpassen müssen, dass ihren Schutzbefohlenen nichts passiert!
Lob und Anbetung, Lob und Preis, Lob und Ruhm – Blüten am selben Ast, könnte man meinen. Auch der Zeitgeist hat vor dem Lobpreis – merke: Lob und Preis vereinigen sich zur gemeinsamen Bezeichnung der höchsten Ehrerbietung – auch der Zeitgeist also hat davor nicht haltgemacht. Auch die moderne Musik weiß, wie sie das Gloria zu spielen hat. Und es gibt kein musikalisches Lob, das nicht von vornherein auch als Anbetung gedacht ist.
Gotteslob manifestiert sich in den verschiedensten Formen, und zwar seit urdenklichen Zeiten. Es ist dem Menschen gleichsam in die Seele gepflanzt. Kein Stamm, kein Volk, das nicht auf seine Weise das Göttliche lobt, weil solches als religiöse Pflicht erachtet wird. Es gibt keine Religion ohne Lob und Preis, ohne Lobpreis. Vor allem der Ein-Gott-Glaube kommt ohne Lob nicht aus. Lob und Anbetung sind traditionelle Bestandteile jedes Gottesdienstes. Und Gottesdienst ist in diesem Fall ein sehr weiter Begriff, er reicht von den alten Ägyptern bis zu den Charismatikern des 21. Jahrhunderts.
„Lobet den Herrn!" ist im Christentum, Judentum und Islam nicht nur Wesensmerkmal, sondern Kern des Glau-

bens. „Hier bin ich, oh Allah, hier bin ich – hier bin ich, es gibt keine Gottheit außer Dir, hier bin ich – alles Lob und alle Huld sind Dein und alle Herrschaft – es gibt keine Gottheit außer Dir", heißt es in einem Gebet nach Mekka pilgernder Muslime. „Alles Lob und aller Preis gebührt Allah allein, und Seine zahllosen Segen seien auf dem letzten Propheten Muhammad, Sallallahu alaihi wa salam".
Andere beten: „Aller Lob und alle Dankbarkeit gebührt Allah, dem Herrn der Welten. Wir preisen Ihn und bitten Ihn um Hilfe. Nur Ihm vertrauen wir, und von Ihm erbitten wir Vergebung. Gegrüßt sei der von Ihm Geliebte und der Beste aller Geschöpfe, der Verkünder Seiner Botschaft und Überbringer Seiner Gnade und Gaben, unser Fürst und Prophet Abi-l-Qasim-il-Muhammad und seine edle, reine an seiner Seite stehende Familie. Lob Allahs: Al-hamdu-lillah." Ruft dies auch der Muezzin vom Minarett? Wird man es in Europa immer öfter hören?
Gerade die Muslime haben das Lob Gottes zu einem zentralen Inhalt ihres Glaubens gemacht. Unter den Christen ist es heute, wie gesagt, vor allem die Charismatische Bewegung, die den Lobpreis sogar zum Mittelpunkt einer eigenen Version des Gottesdienstes gemacht hat. In dieser orientiert sich „Lob, Preis und Anbetung", wie Wikipedia verrät, „an der Rock- und Popmusik, hat sich aber inzwischen zu einem eigenen Musikstil entwickelt. Dabei wird unter Lobpreis eher schnellere, rockige und unter Anbetung ruhige, balladenartige Musik verstanden".
Es gab und gibt, wie die Menschheitsgeschichte zeigt, keine Religion ohne Lobpreis. Im Grunde sind ja auch die gotischen Kathedralen und Dome mit ihren zum Himmel aufragenden Türmen nichts anderes als Stein gewordenes Lob, heißt es immer wieder. Wenn Sie, werte Leserin, werter Leser, also die Schönheit einer Kirche loben – ist das dann nicht eigentlich ein Lob des Lobens?

Das soziale Lächeln in der Krippe

Lob ist Kommunikation. Positive Kommunikation. Auch Tadel ist Kommunikation, aber eine negative. Auch das Kleinkind, ja selbst der Säugling ist für Lob empfänglich. Er merkt es, auch wenn er es nicht beantworten kann. Oder doch? Wenn die Mutter lächelt, dann lächelt ihr Kind zurück. Es ist die erste soziale Reaktion nach dem Weinen. Lob der Mutter empfindet der Säugling als etwas ungemein Positives. Es ist, wie Kinderpsychologen sagen, die Grundlage der Kommunikation zwischen Mutter und Kind.

Lob in der Kinderstube ist Lob mit Umkehrschluss. Die lobende Mutter lächelt, das Kind lächelt, die Mutter lächelt zurück. Wenn das Kind die Mutter anstrahlt, fühlt diese sich gelobt. Der Säugling fühlt sich wohl, wenn er, und sei es unbewusst, ein Lob der Mutter fühlt. Damit wird, laut Kinderärztin Dr. Katharina Kruppa, ein „stimmiges Verhalten zwischen Mutter und Kind programmiert".

Wie wichtig das ist, sieht man erst, wenn es nicht funktioniert. Depressive Mütter können auf ein entsprechendes Verhalten des Kindes nicht positiv reagieren. Das Kind versucht eine Zeitlang, um „Lob" zu werben. Dann gibt es auf, wird indifferent. Daraus können dann „gestörte Reaktionsmuster, innerer Rückzug bis hin zur Psychopathologie entstehen".

Lob im Säuglings- und Kleinkindalter – die Eltern können gar nicht genug davon spenden. Es ist – ich bitte die vielleicht allzu pathetische Formulierung zu entschuldigen – Dünger auf der zarten Pflanze des Lebens. Vielleicht fußen,

laienhaft ausgedrückt, verpfuschte Existenzen auf dem Mangel an Lob als Kleinkind. Und vielleicht wird tatsächlich in dieser frühesten Periode des Menschenlebens zu wenig gelobt.
Oder am Ende zu viel? Denn Lob ist Reaktion. Im Gegensatz dazu erfolgt „Verwöhnen" vor der Aktion des Kindes. Ich darf nochmals die Kinderpsychologie laienhaft zitieren: Durch Lob wird ein gewünschtes Verhalten des Kindes verstärkt, durch Verwöhnen wird es gewissermaßen unterdrückt, weil nicht auf eine primäre Aktion gewartet wird. Wenn ein Kind unruhig wird und die Mutter es sofort auf den Arm nimmt, ohne auf ein entsprechendes Verhalten des Kindes zu warten, ist dies nicht Lob, sondern Verwöhnung, sagt die Psychologie. Wenn aber das Kind sich, unruhig geworden, selbst etwas zum Spielen sucht oder klar signalisiert, was es braucht (etwa, weil es hungrig ist), ist die entsprechende Reaktion der Mutter als Lob zu qualifizieren. Und die Kommunikation ist gleichsam perfekt.
Lob im Kindesalter ist eine verteufelt schwierige Angelegenheit. Je früher es erfolgt, desto eher bleibt es haften. Eine Tätigkeit, für die das Kleinkind gelobt wird, übt es später, vielleicht sogar im Heranwachsen, gerne aus. „Lob ist, was antreibt, sich zu entwickeln", heißt es.
Es kann freilich auch zur Manipulation werden. Gewünschtes Verhalten wird gelobt, nicht gewünschtes bestenfalls ignoriert, um das gewünschte zu verstärken. Das aber funktioniert oft nur bedingt. Lob verstärkt prinzipiell positives Verhalten, wenn es nicht übertrieben wird. Wenn die Mutter dem Kind, das sich wehgetan hat, lobend sagt: „Toll, dass du nicht weinst!", könnte damit unter Umständen ein ehrlicher Gefühlsausbruch unterdrückt werden.
Man muss richtig loben, auch im frühesten Kindesalter. Denn Lob kann verunsichern. Wenn der Zweijährige aus Bausteinen seinen ersten Turm aufstellt, wird er gelobt:

„Schau, was du schon für hohe Türme bauen kannst!" Das ist echtes, motivierendes Lob. Wird der oder die Kleine auch nach dem fünften Turm noch überschwänglich gelobt, kommen Zweifel auf. „Haben die denn nicht kapiert, dass ich Türme bauen kann?" Die Folge: „Die Mama lobt ja immer. Das muss man nicht ernst nehmen." Anleitung zum Lob im Kindesalter findet sich (und die jungen Eltern sind dankbar) in jedem Erziehungslexikon. Es kann unselbständig machen: „Das Kind strengt sich irgendwann nur noch an, weil es gelobt wird, und nicht etwa, weil es selbst etwas erreichen möchte. Es vertraut weniger auf seine eigenen Fähigkeiten als auf das Urteil bzw. das Wohlwollen anderer Leute."

Lob kann verzärteln. Wenn das Kleinkind einmal nicht gelobt wird, ist es beleidigt. Lob muss konkret sein. Wenn das Kind ein selbst gemaltes Bild zeigt, sollte man nicht „Schön, schön!" sagen, sondern ins Detail gehen: „Das ist ja ein gefährlich aussehendes Tier. Man kann sogar die Zähne erkennen!"

Und schließlich: Lob muss aufrichtig sein. Beim Loben geht es ja um Gefühle, und die sollte man nicht vorspielen. Wenn es nichts zu loben gibt, sollte man wenigstens Mut zusprechen: „Beim nächsten Mal klappt es sicher besser!"

Was Hänschen nicht lernt, lernt Hans nimmermehr? Sagen wir es einmal anders: Was Hänschen braucht, braucht Hans umso mehr. Lob im Kindergarten, in der Volksschule: Das kann anspornen, Selbstbewusstsein und Zuversicht entfachen, einfach nur glücklich machen. Ein lobendes Wort signalisiert dem Kind, dass es auf einem guten Weg ist. Es gibt Orientierung und Kraft für den nächsten Schritt.

Echtes Lob ist erfüllt von Freude über einen Erfolg oder über eine Anstrengung, sagt eine Pädagogin: „Es kommt aus dem Bauch." Wann immer Sie dieses Glücksgefühl verspüren, sollten Sie es mitteilen, meint sie: „Ich freue mich, dass du dich heute zweimal gemeldet hast." Oder: „Ich habe gemerkt, dass du deine Vokabeln gelernt hast." Manchmal wirke ein nonverbales Lob überzeugender als der größte Redeschwall. Gesten sind oft wirkungsvoller als Worte.

Dies unterstreicht auch Hofrat Dr. Mathilde Zeman, die Leiterin des schulpsychologischen Dienstes des Wiener Stadtschulrates. Lob in der Schule – was ist denn wichtiger? Lob in der Schule: ausreichend, ja reichlich, aber richtig und ehrlich. Es muss aufmuntern. Es darf nicht gleichsam automatisieren: „Brav, mach weiter so!" Das ist zu wenig, nicht konkret genug. Konkretes Lob erweist sich nicht zuletzt, wie es auch schon beim Kleinkind der Fall ist, in der Gestik. Ein Klopfen auf die Schulter wirkt oft mehr als ein Einser. Und wenn das Lob sich noch dazu in einer Funktion ausdrückt, ähnelt es fast schon einem himmelhohen Jauchzen. „Du darfst das Klassenbuch holen. Du darfst ein Bild aufhängen!"

Freilich: Wird immer der oder dieselbe gelobt, und noch dazu vor der ganzen Klasse, liegt der Schluss nahe, es handle sich um ein „Weimperl". Ein Protektionskind also. Ich habe darüber nachgedacht, woher dieser im *Österreichischen Wörterbuch* aufscheinende Ausdruck eigentlich kommt. Meine Entdeckungsreise durch den heimischen Sprachschatz führte zum nicht minder österreichischen Gugelhupf. Häufig hat er, wie so manche andere Kuchen auch, Rosinen im Teig. Wer sie herauspickt, zeigt eine besondere Vorliebe für diese getrockneten Weinbeeren, auch „Weimperln" genannt. Immer wieder Lob für denselben oder dieselbe: Das ist so, als ob man jemanden aus dem Kuchen picken würde. Dabei kann es ja doch auch durchaus als Lob verstanden werden, die Umgebung der menschlichen Weimperln als Kuchen zu bezeichnen – oder?

Nicht etymologisch, sondern pädagogisch drückt es die Fachfrau des Wiener Stadtschulrates aus: „Jeder hat etwas, worin er gut ist – oder sie". Nicht nur für die Volksschule, sondern auch für die höheren Lehranstalten gilt dies. Niemand ist, um es andersherum zu sagen, zu nichts zu gebrauchen. Jeder hat irgendetwas Lobenswertes an oder in sich. „Gerade das Mittelmaß braucht Aufmunterung", sagt sie. Es sei angemessen, allfällige Schwächen über die Stärken zu kompensieren.

Auch hier kann, ja soll das Lob durch Mimik, Blick und Gestik unterstrichen werden. Ein Lächeln, auch in der Schule, kann mehr bewegen, als viele auch als Lob gemeinte Worte, wenn sie bloß pauschal klingen. „Du kannst etwas, ich halte dich für fähig, dieses oder jenes zu tun" wirkt lobender als ein „Brav, brav!" Friedrich Torberg hat in seinem Erstlingsroman *Der Schüler Gerber* das abschreckende Beispiel eines Gymnasialprofessors geschildert, der bezeichnenderweise von der Klasse „Gott Kupfer" genannt wurde. Es hat ihm alles Milde, Verzeihende eines wahren Gottes gefehlt. Am Ende hat sich der Schüler Gerber umgebracht.

Selbstmord, weil es an Lob mangelte? Gewiss ein übertriebener Schlusspunkt eines Romans, der in einem Gymnasium der 1930er-Jahre spielt. Aber man kann es auch als Hinweis verstehen, wie wichtig das Lob in der Schule, vor allem in der Schule ist. Im Zeugnis der Alten stand noch nach dem einen oder anderen Gegenstand das Wort „Lobenswert". Vor allem die Betragensnote wurde dadurch aufgewertet. Heute urteilen die Zeugnisse nicht mehr so drastisch über Benehmen und Qualifikation. Aber Vorzug ist noch immer Vorzug. Er ist gleichbedeutend mit Lob. So wie später eine Promotion *sub auspiciis*, früher des Kaisers, jetzt des Präsidenten, auf alle Fälle aber mit höchstem Lob für den hervorragenden Studienabschluss.

Papierenes Lob, könnte man sagen. Imaginäres Auf-die-Schulter-Klopfen. Das Lob im Leben muss erst verdient werden. Oder, wie ein schon erwähntes Zitat lautet: „Lob: ein Mittel, einen Menschen dahin zu bringen, dass er es verdient".

Ratschläge für die Chefetage

Habe ich heute schon gelobt? Die Frage stellt sich nicht, weil niemand daran denkt, sich danach zu erkundigen. Vor allem nicht in der Chefetage. Es gehört nicht zur Gewissenserforschung, darüber nachzudenken, ob man das getan hat, was Experten der Arbeitspsychologie das Feedback nennen. Ob man mit den Mitarbeitern geredet hat. Ob man den einen oder den anderen gar gelobt hat. Ob man sie angehört hat. Ob man ihnen die Möglichkeit gegeben hat, sich anerkannt zu fühlen.
Es ist dies das dringendste Problem, das es in der Chefetage zu lösen gilt. Die Frage nämlich, auf welche Weise Selbstbewusstsein und Selbstvertrauen der Mitarbeiter und Mitarbeiterinnen gestärkt werden können. Und auf welche Weise so etwas wie Selbstwertgefühl geschaffen wird: Ich weiß, dass man weiß, was es zu wissen gibt – nämlich, dass ich mich bemühe, dass ich nach bestem Wissen und Gewissen das tue, was ich zu tun habe. Und vielleicht noch etwas mehr.
Was das Wesen der Anerkennung ist, steht an anderer Stelle. Anerkennung ist die Vorstufe zum Lob. Besser noch: Sie ist dem Lob gleichzustellen. Sie ist gleichsam ein Hormon für das Selbstwertgefühl. Sie ist ein Vitamin für das Selbstbewusstsein. Mangel an Anerkennung kann krank machen. Mitarbeiter, die sich nicht anerkannt fühlen, werden oft depressiv. Noch einmal: Anerkennung und Lob sind fast gleichwertig. Beide sind, wie ein Psychologe sagt, Balsam auf die Seele. Vor allem dann, wenn beides vom Chef ausgesprochen wird.

Es gibt kein Einmaleins des Lobens. Es gibt keine Fibel, in der steht, wie Chefs den Mitarbeitern Anerkennung aussprechen. Es gibt keine Anweisung für das Lob in der Chefetage. Es gibt freilich auch kein Merkblatt für das Tadeln, für das Kritisieren. Offenbar weiß da jeder Chef Bescheid. Wir wissen es, es ist leicht zu kritisieren. Deswegen tun wir es so gerne und so häufig.

Der Tadel ist leicht zu lernen, das Lob sollte in der Chefetage geübt werden. Es gibt keine Fibel, aber es gibt Grundregeln. Der österreichische, in Tübingen lebende „Praxikologe" Dr. Otto Buchegger, der sich mit Lebensmanagement befasst (was auch immer man darunter verstehen mag), hat sich damit beschäftigt. „Wie viel Arbeit, Geld und Mühe könnt ihr euch sparen, wenn ihr nur ein bisschen mehr mit den Mitarbeitern über ihre Leistungen reden würdet", schreibt er in seiner *Praxilogie*.

Er befasst sich zuerst mit dem Lob als solchem. Er empfiehlt „Chefs zu loben, wenn es sonst keiner tut, Kinder zu loben, damit sie selbstsicherer unsere großen Zukunftsprobleme lösen werden, Firmen zu loben, damit sie endlich besseren Service anbieten, Mitarbeiter zu loben, um deren kreatives Potential zu entfalten, uns bekannte Menschen zu loben, um damit Freunde zu gewinnen und schließlich auch sich selbst zu loben, damit wir durchhalten, unsere Ziele zu erreichen". Leicht gesagt, nicht wahr? Aber bleiben wir in der Chefetage. Bleiben wir bei diesem so wesentlichen Punkt, der die Beziehung Chef – Mitarbeiter bezeichnet. Beschäftigen wir uns mit dem erwähnten Feedback-Aspekt. Feedback: ein zweiseitiges Phänomen. Er betrifft die Beziehung vom Chef zum Mitarbeiter und umgekehrt. Der Chef denkt über den Mitarbeiter nach und der Mitarbeiter über den Chef. Der eine lobt unter Umständen den anderen, ohne dies auszusprechen. Feedback heißt, dass beide einander positiv zur Kenntnis nehmen.

Das Loben gehört auch zum Führen. Leider wissen es die wenigsten. Wer führt, muss den Geführten merken lassen, dass dieser auf dem richtigen Weg ist. Von einem „Quantensprung zu einer dialogischen Kultur, in der Mitarbeiter mit all ihren Fähigkeiten zur Entfaltung kommen und wertgeschätzt werden", schreibt Anna Maria Pircher-Friedrich, Professorin für Human Ressource Management am Management Center Innsbruck, in der *Furche*. Sie zitiert den Begründer der „Dritten Wiener Schule der Psychotherapie", Viktor Frankl, der von einer „Pathologie des Zeitgeistes" spricht.

Ich darf ergänzen und wiederholen: Diese Pathologie zeigt sich nicht zuletzt darin, dass das Miteinander zum Nebeneinander geworden ist. Da das Gespräch im Unternehmen längst zu einer Facette der Elektronik wurde, ist das Lob nicht mehr gebräuchlich. Es wird als Zeitverschwendung betrachtet. Wir sprechen von (und fürchten uns vor) der Klimaänderung. Aber wir nehmen nicht zur Kenntnis, dass sich auch das Klima der zwischenmenschlichen Beziehungen zu ändern scheint. Das Lob, wenn überhaupt, wird via E-Mail übermittelt oder per SMS.

Der Säugling, das Schulkind – gewiss, sie freuen sich über das Lob. Die Mutter-Kind-Beziehung ist mit keiner anderen vergleichbar. Aber was das Lob betrifft, krankt die Kommunikation zwischen Chefetage und Mitarbeiterstab. Wir sind alle gehemmt, wenn Anerkennung gezollt werden soll – es sei denn, es geht um unsere eigene. Es gibt zwar eine Flut von Preisen und die entsprechenden Preisungen, aber die damit verbundenen Lobeshymnen sind zumeist Pflichtübungen, und die Laudatio wird abgelesen.

Lob, ich sagte es schon, ist Balsam für die Seele, und Anerkennung ist ein wichtiger Teil des so genannten „Work-Life-Balance". Sie gerät aus dem Gleichgewicht, wenn das Wissen fehlt, geschätzt zu werden. Dann wirkt sich

die Atmosphäre der Arbeit auch auf jene des Lebens aus. Lob in der Chefetage ist Kommunikationskultur. Schon das Aussprechen ist ein erster Schritt. Es ist, schreibt Buchegger, eine bewährte Managementtaktik, negative Kritik in Lob einzupacken. Man nennt dies die Sandwich-Methode. Auch sie wird in der Chefetage immer wichtiger.
Dass ein wichtiger Aspekt des Lobes die Motivation der Mitarbeiter ist, scheint klar. Nicht so klar ist, wo man das Lob aussprechen soll.
Der Chef kann den Mitarbeiter in sein Zimmer rufen und mit ihm sprechen. Es sei, sagen die Experten, in diesem Fall wichtig, gezielt zu loben. Also nicht zu sagen: Sie haben die letzte Zeit brav gearbeitet, deswegen bekommen sie eine Gehaltserhöhung. Das wäre eine Belohnung, kein Lob. Lob muss ehrlich und konkret sein und bald nach der erbrachten Leistung kommen. Es darf durchaus übertreiben, sollte aber Raum für Humor lassen. „Sind diese Bedingungen gegeben, dann kann es kaum zu viel Lob geben", sagt Buchegger.
Die Fachhochschule Kiel wieder hebt hervor, welche Möglichkeiten des Lobens und Belohnens im Betrieb möglich sind. Da sind einmal einzelne Personen, dann aber auch Gruppen, die gelobt oder belohnt werden sollen. Es geht um „einzelne Aspekte einer Person oder Handlung", aber auch „der gute Wille" sollte gelobt werden. Nicht zuletzt ist eine konkrete Leistung zu loben.
Und zu belohnen. Wichtig scheint der Unterschied zwischen diesen beiden Begriffen, also belohnen und loben, zu sein. Belohnung wird, wie gesagt, oft in Aussicht gestellt, Lob eher nachträglich gezollt. Lob ist ein ideeller Faktor, Belohnung spielt sich meist materiell ab. Wobei natürlich das eine mit dem anderen gemeinsam stattfinden kann.
Lob ist Motivation – wie oft ist das schon gesagt worden! Lob ist Wachstumshormon des Eifers, auch Vitamin für die

Loyalität im Betrieb. Lob ist besonders wirksam, wenn es im Chefzimmer ausgesprochen wird. Wird es vor der versammelten Belegschaft gezollt, könnte es zu Eifersüchteleien führen: Warum der oder die und nicht ich? Wieder liegt die Gefahr nahe, als Protektionskind angesehen zu werden.

Wobei natürlich die Abschiedszeremonie eine Ausnahme bildet. Verabschiedungen, selbstverständlich mit Lob verbunden, spielen sich in der Betriebsöffentlichkeit ab. Sie sind nicht auf den Händedruck im Chefzimmer beschränkt, sondern werden vor allen Kolleginnen und Kollegen abgehalten. Abschiedsreden sind Ansprachen, die einer Laudatio nahe kommen. Dass sie wahr sein sollen oder zumindest der Wahrheit nahe zu kommen haben, versteht sich von selbst. Sie sollen, sagt nicht nur Otto Buchegger, ehrlich sein. Ob der erwähnte Sandwich-Effekt des Lobs auch beim Abschied erfolgen darf, muss in der jeweiligen Chefetage entschieden werden.

Lob und Belohnung in dieser Chefetage: Es gibt, sagte ich, keine Normen, keine Regeln, keine Fibeln, kein Einmaleins. Aber es gibt Punkte, die ein Chef oder eine Chefin beachten sollten, wenn sie loben; dass ich mich selbst nicht immer, ja selten daran gehalten habe, gehört zum Schuldbekenntnis, das ich anfangs schrieb.

Einer dieser Punkte ist, dass man ein Anerkennungsgespräch immer persönlich führen sollte. Man sollte es nie an einen Mitarbeiter delegieren, etwa nach dem Motto: „Sagen Sie doch Frau Mayer, dass sie wirklich gute Arbeit geleistet hat." Ein solches Abschieben des Lobs auf einen anderen ist ungut, erreicht das Gegenteil, hat mit Feedback überhaupt nichts zu tun. Noch einmal: Lob muss direkt dem zu lobenden Gegenüber ausgesprochen werden.

Ein zweites: Man soll sich Zeit für das Loben nehmen. Das Lob soll nicht gleichsam zwischen Tür und Angel ausgesprochen werden. Am besten wäre es, wenngleich es nicht

immer möglich scheint, einen Termin für die Unterredung zu vereinbaren. Wenn der Mitarbeiter im Voraus nicht weiß, worum es geht: umso besser. Dann ist die Überraschung eine positive und freudige. Zudem weiß der Gelobte, dass dem Lob eine hohe Bedeutung zugewiesen wird. Andere können nicht zuhören, Neid und Missgunst werden auf diese Weise ausgeschlossen.
Der nächste Punkt: das richtige Maß. „Nur zu loben, wenn ein Mitarbeiter eine absolut herausragende Leistung gezeigt hat, wäre genauso falsch, wie ihm bei jeder Gelegenheit auf die Schulter zu klopfen", steht in einer Management-Broschüre. „Loben Sie, wenn ein Mitarbeiter die Leistung gezeigt hat, die von ihm erwartet wurde." Wieder einmal Einspruch: Wenn ich loben soll, weil eine Leistung erbracht wurde, die ich erwarte, müsste ich unausgesetzt loben oder andernfalls die Mitarbeiter, die nicht entsprechen, kündigen.
Der nächste Punkt erläutert dann freilich, scheint mir, das genaue Gegenteil: „Loben Sie spezifisch. Beziehen Sie Ihr Lob genau auf die Leistung, für die der Mitarbeiter es verdient hat." Spezifisch? Das Merkblatt erklärt, was darunter zu verstehen ist: „Sprechen Sie Details an. Sagen Sie dem Mitarbeiter, was Ihnen an seiner Arbeit gefallen hat: etwa die Termintreue."
Habe ich mich versündigt, weil ich mich nicht immer, besser: fast nie, an diese und ähnliche Punkte gehalten habe? Es ist leicht, Vorschriften des Lobs aufzuzählen, aber sehr schwer, sie zu befolgen. Etwa, wenn auf der Liste steht: „Heben Sie Persönlichkeitsmerkmale des Mitarbeiters heraus." Was darunter zu verstehen ist, wird als gleich ausgeführt: „Bestätigen Sie ihn, indem Sie bestimmte Eigenschaften des Mitarbeiters für den Erfolg verantwortlich machen: hohe Qualitätsansprüche, Genauigkeit, Verantwortungsbewusstsein …".

Und dann kommt ein Punkt, der in der Theorie (wie übrigens alle anderen auch) gut klingt, aber in der Praxis schlecht zu befolgen ist: „Stellen Sie den Gesamtzusammenhang her. Verdeutlichen Sie dem Mitarbeiter, wie sein Erfolg auf die Ziele der Abteilung oder des Unternehmens Einfluss hatte."
Verstanden? Ich gebe zu: Es ist leicht, Regeln zu formulieren und Punkte aufzuzählen, die die Art des Lobens betreffen und die doch nicht stimmen können, weil allgemeine Paragraphen das Menschliche, allzu Menschliche des Lobens nicht umreißen können, nicht bestimmen können. Lob ist eine spezifische Form der Kommunikation und somit der Beziehung zwischen Menschen. Sie in Regeln zu pressen, scheint mir ein Fehler zu sein.
Lob ist wichtig, vor allem in der Chefetage. Die Frage „Habe ich heute schon gelobt?" kann, ja soll immer wieder gestellt werden. Aber die Antwort kann nur ich selbst geben – und der, dem das Lob gebührt.

Nur keine „Gratifikationskrise"!

Was ist der Unterschied zwischen Lob und Anerkennung? Was heißt denn überhaupt Anerkennung? Ist sie eine Vorstufe zum Lob, ist sie eine Sprosse auf der Leiter zum Himmel der Belohnung, die im Allgemeinen in klingender Münze entrichtet wird?
Fangen wir mit der Differenzierung an. Erstens: Anerkennung ist nicht Lob. Sie ist gleichsam der Beginn des Lobs. Sie kann sich auf verschiedene Weise und in verschiedenen Stadien zeigen.
Sie ist nicht immer das, was man unter „ausdrücklich" verstehen könnte. Lob muss ausgesprochen werden, sonst gilt es nicht. Höherer Lohn kann auch mit automatischer Vorrückung zu tun haben, Lob hingegen wird verbal gezollt. Anerkennung aber kann auch schweigend erfolgen. Ob sie dann als solche gilt, ist eine Frage der Psychologie. Aber alles, was mit der Kunst des Lobens zusammenhängt, ist ja von Psychologie und psychologischem Einfühlungsvermögen kaum zu trennen.
Anerkennung kann sich im Stillen ergeben. Sie ist eine Belohnung, wenn man diese Anerkennung als solche versteht. Die Frage ist, ob sie verstanden werden kann. Die Beziehung Arbeitgeber – Arbeitnehmer hängt auch sehr von der Frage ab, ob sich der letztere vom ersteren anerkannt fühlt, ob seine Leistung als solche, nämlich als Leistung, akzeptiert wird.
Es gibt aber sehr viele Betriebe, Institutionen und Organisationen, in denen schon allein das Fehlen des Tadels als Anerkennung gewertet wird, die man dem anderen zollt.

Die Frage, was einer davon hat, wenn seine Leistung nur schweigend anerkannt wird, müsste erst diskutiert werden. Wortlos anerkannt zu werden, genügt nicht. Die Vorstufe des Lobs muss zumindest gefühlt werden. Wieder kommt da der alte römische Spruch in Erinnerung, der behauptet, dass allein schon Schweigen als Zustimmung gelten kann: *Qui tacet, consentire videtur.* Videtur. Das Schweigen *scheint* Zustimmung zu bedeuten. Mit anderen Worten: Wenn ein Arbeitnehmer von seinem Chef nicht getadelt wird (wobei die Geschlechter selbstverständlich verschieden sein können), bedeutet dies nicht die Anerkennung der Arbeit. Vielmehr wird ihre Qualität ja allzu oft als selbstverständlich hingenommen.
Sich im Job anerkannt zu fühlen, ist fast so etwas wie eine Seelenspeise. Dazu braucht es keineswegs ein ausdrückliches Lob. Anerkennung stärkt das, was bei manchen Menschen überentwickelt ist, bei sehr vielen aber kaum vorhanden. Es stärkt das Selbstbewusstsein. Jener Typ von Leuten, die wir gerne als Selbstdarsteller bezeichnen, haben, ob berechtigt oder nicht, ein sehr starkes Selbstbewusstsein. Sie benötigen kein Lob, weil sie sich über jedes Lob erhaben fühlen; auch das ist eine Redewendung, die sehr häufig verwendet wird, wenn es um Selbstdarstellung geht, die aber nicht mit Eigenlob verwechselt werden darf. Selbstbewusstsein ist unausgesprochenes Eigenlob. Wie schon das Wort sagt: Es ist Bewusstsein der Qualifikation seiner selbst.
Georg Wilhelm Friedrich Hegel hat sich in jungen Jahren intensiv mit dem Begriff der Anerkennung befasst. Er stellte fest, dass diese Anerkennung zur Bildung des Selbstbewusstseins notwendig sei, dass aber niemand für sich allein diese Entwicklungsstufe erreichen könne. Der deutsche Philosoph folgert, dass mehrere „Bewusstseine" aufeinander treffen müssten, um schließlich zum „Kampf um

Anerkennung" zu führen – nach Meinung Hegels eine spezifische Eigenart des Menschen. Dass er dies oft auf die Humanphilosophie beschränkt, wundert den Laien. Gibt es nicht auch im Tierreich einen Kampf um Anerkennung? Kehren wir vom philosophischen Ausflug auf den Boden der Alltagspsychologie zurück. *Angst essen Seele auf* betitelte vor geraumer Zeit *Die Zeit*, in Anlehnung an einen Film, einen Bericht über die Tatsache, dass psychische Probleme in Deutschland die vierthäufigste Diagnose bei Krankmeldungen sei und dass diese Probleme nicht zuletzt durch zu wenig Anerkennung von Vorgesetzten ausgelöst werden. Angst essen Seele auf? Für 27 Prozent der männlichen und 38 Prozent der weiblichen Frührentner war die Unfähigkeit, mit sich selbst fertig zu werden, der Grund für die Frührente.

In dem Bericht werden Psychologen zitiert, die das Gestrüpp dieser Ängste zu entwirren suchen: „Denken Sie an den Banker, der seine ganze Energie in die Karriere steckt, und dann fusioniert die Bank, und jemand anderer bekommt den Posten." Schädlicher Stress entstehe dann, wenn hohe Verausgabung mit geringen Belohnungschancen verbunden sei, zitiert *Die Zeit* einen Stressforscher. Der Soziologe habe dafür den Begriff „Gratifikationskrise" geprägt. Auslöser solcher Krisen sei oft schlechte Mitarbeiterführung. Denn manchmal, so *Die Zeit*, könnte ein anerkennendes Wort Wunder tun, wenn es ernst gemeint ist. In Umfragen (schon im Prolog habe ich es festgestellt) waren Angestellte trotz guter Gehälter mit ihren Jobs unzufrieden, weil sie sich von den Chefs nicht gesehen fühlten. „Umgekehrt kann Lob schlechten Lohn zumindest eine Zeitlang vergessen machen."

Eine ideelle Wertschätzung sei mindestens so wichtig wie eine finanzielle Anerkennung, wird erklärt. Schmerzhaft seien Gratifikationskrisen vor allem dann, wenn sich Menschen stark mit ihrem Beruf identifizieren. *Die Zeit* zitiert in diesem Zusammenhang einen Fachmann: Wer Arzt werde, Lehrer oder Journalist, der wolle meist etwas bewirken. Viele litten dann darunter, wenn Anspruch und Wirklichkeit auseinanderklafften. Manche würden aggressiv, andere zynisch, bis sie schließlich alle Freude am Arbeiten verlören.

Immer wieder wird der Beweis für solche Behauptungen durch Umfragen erbracht. Da hat etwa das Karriere-Internetportal Stepstone herausgefunden, dass unter zehntausend Europäern aus acht Ländern 56 Prozent der befragten Deutschen angegeben hätten, sie glaubten nicht, dass ihre Arbeit in der Firma geschätzt werde. Die *Süddeutsche Zeitung* erläuterte: „Nur etwa jeder zehnte Niederländer unterschrieb diese Aussage. Umgekehrt sagten nur 28 Prozent der Deutschen: ‚Ich weiß, dass mein Arbeitgeber meinen Beitrag schätzt.' In keinem anderen der Länder lag dieser Wert unter 50 Prozent; in Italien gaben fast zwei Drittel der Befragten an, ihre Arbeit würde gewürdigt."

Was heißt das? Dass diese Anerkennung, die Vorstufe zum Lob, allein schon darin besteht, beachtet zu werden, nicht nur als kleine Schraube im großen Getriebe. Diese Beachtung muss sich nicht unbedingt als Schulterklopfen zeigen, nicht unbedingt als Händeschütteln und, siehe oben, auch nicht in der Gehaltsaufbesserung.

Anerkennung zeigt sich in den verschiedensten, kleinsten Gesten. Schon allein die Tatsache, vom Chef mit dem Namen angesprochen zu werden, schafft einen Motivationsschub. Das Gefühl, nicht übersehen zu werden (was durchaus nicht materiell zu verstehen ist), fördert das Selbstbewusstsein, dass man natürlich dann auch als „Ich-Gefühl" bezeichnen kann: Ich bin notwendig. Ich werde nicht übersehen. Ich werde gebraucht. Ich bin zwar einer oder eine von vielen, aber auch auf mich kommt es an!

Warum aber, aus welchen Gründen gibt es dann doch immer wieder jenes neuzeitliche medizinische Phänomen, das wir als Burnout-Syndrom bezeichnen?
Burnout: ein Trauma. Die gewissermaßen Fleisch gewordene Gratifikationskrise. Oder kann man sie auch als Qualifikationskrise definieren? Eine Mischung also von Depression und Erschöpfung, hervorgerufen durch vermeintliche Überforderung. Burnout: das Vermissen jeder Art von Anerkennung, auch wenn dieses Vermissen nur ein eingebildetes ist. Es kann aber krank machen. Man glaubt, nicht zu entsprechen. Man vermisst die Wertschätzung, auf die man immer gehofft hat und immer wieder hofft. Vor allem Menschen, die sich mit ihrem Beruf voll und ganz identifizieren, leiden darunter.
Burnout: ausgebrannt sein. Das Syndrom kann jeden treffen, nicht nur Manager. Es kommt vor allem auch in jenen Berufen vor, die soziale Belange betreffen: Ärzte, Krankenschwestern, auch Sozialhelfer. Manche Gruppen sind besonders gefährdet. Ich hatte einen lieben Jugendfreund, der nach dem Medizinstudium die Fachausbildung zum Anästhesisten absolvierte, Dozent wurde und in einem Spital vor allem die Intensivstation betreute.
Unter den Ärzten sind die Intensivmediziner die am meisten Suizidgefährdeten, hat man mir erzählt. Es fehlt ihnen das Erfolgserlebnis. Entweder die Betreuten werden binnen kurz oder lang in die Normalstation verlegt, sodass der Intensivmediziner den eigentlichen Erfolg seiner hoch qualifizierten Arbeit nicht erleben kann, oder der Patient, die Patientin überlebt nicht. Es bedarf starker Nerven und entsprechender Gemütsruhe, um damit fertig zu werden. Mein Freund, der Dozent, der Studenten in das Fachgebiet Intensivmedizin einführen sollte, warf das Handtuch. Er brachte sich um.
Burnout: Meine, deine, unsere Leistung wird nicht aner-

kannt. Du hoffst auf ein Zeichen der Anerkennung und findest es nicht. Was aber ist denn Leistung eigentlich, was versteht man darunter?

„Der physikalische Begriff von Leistung enthält nicht die ganze Problemstellung", schreibt der Soziologe Helmut Schoeck. „Bei jeder Arbeit – während der Ausbildung und im eigentlichen Beruf – kommt es auch auf die Qualität der Verrichtungen, auf die Güte der Ergebnisse innerhalb einer vernünftig gesetzten Zeitspanne an. Dazu gehören auch von der jeweiligen Leistungserbringung loslösbare Verhaltensweisen, z. B. die Freundlichkeit, die Aufmerksamkeit bei Dienstleistungen. Wer seine jeweilige Leistung so erbringt, dass jeder, der auf sie angewiesen ist, spürt, wie unwillig, wie verdrossen sie erbracht wird, leistet weniger, selbst wenn er formal sein Soll erfüllt."

Wir leben in einer Leistungsgesellschaft. Sie ist, meinen viele, kritikwürdig. Gelegentlich macht man sich auch über sie lustig, so wie es Karl Kraus in seinen *Letzten Tagen der Menschheit* getan hat. „Schau'n Sie an die Deutschen, wie sie geleistet haben!", sagt da einer. Gemeint ist der Erste Weltkrieg.

Die Leistung soll nur dann erbracht werden, wenn sie von der ganzen Gesellschaft her gesehen einen Sinn hat. Das ist schwierig. Schnurgerade kann von dieser Definition ein Weg zum Burnout-Syndrom führen. Zudem kommt es immer wieder vor, dass „Menschen ungleiche Belohnungen – in welcher Form auch immer diese vergeben werden – als ungerecht empfinden, wenn diese gelegentlich auf willkürlichen oder zufälligen Beurteilungen ihrer Leistungen beruhen", stellt Schoeck fest. Und fragt, ob, so betrachtet, nicht etwa das ganze Prinzip sportlicher Wettkämpfe widersinnig werde. Werden Anerkennung und auch Lob nicht auch von jenen gezollt, die nicht in der Lage sind, eine ähnliche Leistung zu erbringen?

Jede Eiskunstlauf-Meisterschaft kann da als Beweis angeführt werden. Das Preisgericht hebt die Nummerntafeln. Ist die Höhe der Ziffern auch als Lob zu werten? Sie sitzen da in ihren Wintermänteln und bewerten. Und viele haben noch nie eine Kurve auf dem Eis gedreht. Anerkennung, Lob oder nur Wertung?

Diese und ähnliche Erwägungen hätten, meine ich, dem Schwiegersohn von Karl Marx, dem Journalisten und Sozialphilosophen Paul Lafargue, absolut nicht gefallen. „Er hat das Recht auf Faulheit postuliert: Drei Stunden Arbeit täglich sind genug." *Das Recht auf Faulheit. Widerlegung des Rechts auf Arbeit von 1848*, nannte er eine Kampfschrift, die er 1883 schrieb. Das Proletariat, verkündete Lafargue, müsse die Faulheitsrechte ausrufen, „die tausendfach edler und heiliger sind als die schwindsüchtigen Menschenrechte".

Es ist nichts anderes als ein „Lob der Faulheit", das Paul Lafargue zu Papier brachte: „Wenn die Arbeiterklasse sich das Laster, welches sie beherrscht und ihre Natur herabwürdigt, gründlich aus dem Kopf schlagen und sich in ihrer furchtbaren Kraft erheben wird, nicht um die Menschenrechte zu verlangen, die nur die Rechte der kapitalistischen Ausbeutung sind, nicht um das Recht auf Arbeit zu fordern, das nur das Recht auf Elend ist, sondern um ein ehernes Gesetz zu schmieden, das jedermann verbietet, mehr als drei Stunden pro Tag zu arbeiten, dann wird die alte Erde, zitternd vor Wonne, in ihrem Inneren eine neue Welt sich regen fühlen – oder aber wie soll man von einem durch die kapitalistische Moral verdorbenen Proletariat einen männlichen Entschluss verlangen!"

Laut Lafargue hat eine „seltsame Sucht" die Menschheit seit zwei Jahrhunderten gequält: „Die Liebe zur Arbeit, die rasende Arbeitssucht, getrieben bis zur Erschöpfung der Lebensenergie des Einzelnen und seiner Nachkommen.

Statt gegen diese geistige Verirrung anzukämpfen, haben die Priester, die Ökonomen und die Moralisten die Arbeit heilig gesprochen." Sie sei aber vielmehr „die Ursache des geistigen Verkommens und körperlicher Verunstaltung". Die Griechen, so Lafargue, hätten „in der Zeit ihrer höchsten Blüte nur Verachtung für die Arbeit; den Sklaven allein war es gestattet zu arbeiten, der freie Mann kannte nur körperliche Übungen und Spiele des Geistes". Es sei dies die Zeit eines Aristoteles, Phideas, Aristophanes gewesen: „Die Philosophen des Altertums lehrten die Verachtung der Arbeit, diese Herabwürdigung des freien Menschen; die Dichter besangen die Faulheit, diese Gabe der Götter."
Paul Lafargue war ein Antipode seines Schwiegervaters Marx. „O Faulheit, Mutter der Kunst und der edlen Tugenden, sei du der Balsam für die Schmerzen der Menschheit!" Nicht als Scherz, sondern in völligem Ernst hat Lafargue sein Traktat verfasst. Er wollte die bürgerliche Arbeitsmoral, den zeitgenössisch ideologischen Begriff der Arbeit und die Folgen der Überproduktion geißeln. Wie sehr er den Menschen aus der Seele gesprochen hat, zeigten die Massen, die 1911 seinem Sarg auf dem Pariser Friedhof Père Lachaise folgten. 15.000 sind es gewesen. Aber Lafargue hat mit seiner Forderung, wenig zu arbeiten und sich mehr den Künsten zu widmen, selbst Schiffbruch erlitten: Nach einem Opernbesuch hat er zusammen mit seiner Frau Selbstmord begangen.
Für Paul Lafargue war der Begriff der Leistung und folglich auch jener der Anerkennung unverständlich (von Lob möchte ich hier gar nicht sprechen). Obwohl er (Eduard Bernstein nannte ihn den „geistig bedeutendsten Führer des Sozialismus in Frankreich") als eine Art von Wortführer der Arbeiter (heute würde man „Arbeitnehmer" sagen) auftrat, war sein Lob der Faulheit im wahrsten buchstäblichsten Sinn kontraproduktiv und ist nur aus der Zeit der

Industrialisierung zu verstehen. Kümmern wir uns nicht darum. Betrachten wir vielmehr die Anerkennung einer Leistung als das, was sie ist oder zumindest sein sollte: als Vorstufe des Lobs.

Anerkennung bedeutet ja, wie ich schrieb, unausgesprochenes Lob. Andererseits muss das Gefühl, nicht anerkannt zu werden, nicht unbedingt Missachtung bedeuten. In der Chefetage nimmt man die Leistung der Mitarbeiter oft zufrieden zur Kenntnis, ohne dies zum Ausdruck zu bringen. Das ist falsch. Wie die erwähnte Umfrage unter deutschen Arbeitnehmern gezeigt hat, ist das Gefühl, anerkannt zu werden, mindestens so viel wert wie eine Gehaltserhöhung, selbst wenn man nicht der einzige in der Abteilung ist, dem sie zuerkannt wird.

Es ist, wie gesagt, nicht das Fehlen ausdrücklichen Lobs, das enttäuscht. Es ist das unausgesprochene Lob, das vermisst wird. Es ist eben das Gefühl, übersehen zu werden, im Grunde nicht gebraucht zu werden. Es beginnt dann die Motivation zu fehlen. Die Gratifikationskrise zeigt sich nicht nur im buchstäblichen Sinn einer Gratifikation. Vielmehr wird schon das einfache Gefühl, zur Kenntnis genommen zu werden, als Gratifikation empfunden.

Die zweite, schon höhere Stufe der Anerkennung ist natürlich das persönliche Gespräch. Es muss keineswegs offen ausgesprochenes Lob sein. Allein schon die Tatsache, als Mitarbeiter deutlich zu sehen, dass man nicht nur akzeptiert, sondern auch geschätzt wird, heilt jede allfällige Gratifikationskrise. Dass hier freilich Vorsicht am Platz ist, scheint einzuleuchten. Jedem Handbuch der Betriebspsychologie kann man entnehmen, dass es genau das Gegenteil bewirkt, wenn jemand in Anwesenheit anderer Mitarbeiter mit persönlicher Ansprache und Anerkennung gewürdigt wird, wenn diese Anerkennung also gleichsam coram publico erfolgt. Die Konsequenz wäre dann nicht Bewunderung, sondern Neid.

Ein allfälliger Motivationsschub kann zur Freude des oder der Betreffenden natürlich wiederholt werden, dann erfolgen „Motivationsschübe" – Gratifikationskrisen für die anderen. In Österreich gibt es für solche Entwicklungen den bereits im Kapitel über das Lob in der Schule erwähnten Begriff des „Weimperls". Das ist jemand, der sich erfolgreich „eingeweimperlt" hat – ein Protektionskind. Ein Mensch, der bevorzugt wird, und meist zwar durch eigenes Zutun, aber nicht in echter Qualität. Die Vorzüge des „Weimperls" beruhen auf dem Glauben des Protektors, ein Menschenkenner zu sein und (wie oft habe ich es schon geschrieben?) zwischen gut und schlecht, zwischen hervorragend und mittelmäßig unterscheiden zu können. Das Weimperl setzt mangelnde Menschenkenntnis voraus. Vom Einweimperln beim Chef oder Lehrer (siehe dort) zum Mobbing durch die anderen, ist dann nur mehr ein kurzer Weg.

Sie leiden ja unter der erwähnten Gratifikationskrise: Warum der oder die und nicht auch ich? Es ist möglich, dass dem auf diese Weise Anerkannten vielleicht nach außen hin mehr Respekt entgegengebracht wird. Aber nur eine Zeitlang. Dann wird er zum Außenseiter. Das hat es dann davon, das „Weimperl".

Es gibt freilich noch eine andere Art von Gratifikationskrise, die auf sonderbare Art und Weise mit Lob zusammenhängt und in Wirklichkeit das Gegenteil bewirkt: Lobbying. Der Zusammenhang mit dem Wort „Lob" ist unverkennbar. Aber es handelt sich um etwas ganz anderes. Ein Mitarbeiter wird über alle Maßen gelobt, um ihn loszuwerden. Er wird befördert, aber das Gehalt entspricht keineswegs dem neuen Rang. Die Position ist höher, aber der Lohn zu niedrig. Es handelt sich um ein Hinaufloben, das gleichzeitig ein Hinausloben ist.

Solche Mitarbeiter, haben Betriebspsychologen festgestellt, merken schnell, dass sie zwar jetzt eine höhere Stelle, aber keinen höheren Stellenwert haben. Sie werden unzufrieden und kündigen; gelegentlich werden sie auch abgeworben und setzen solchen Versuchen keinen Widerstand entgegen. Der amerikanische Psychologe Charly O. Trevor von der University of Wisconsin hat festgestellt, dass Menschen, die auf solche Weise „hochgelobt" wurden, ohne das Lob lukrieren zu können, ihr Unternehmen nach durchschnittlich zwei Jahren verlassen. Ob sie in ihrer neuen Firma länger bleiben, hat die Statistik bisher nicht verraten.

Müssen Gegner auch Feinde sein?

Wissen Sie, was der Unterschied zwischen Gegner und Feind ist? Keiner, werden Sie wahrscheinlich sagen. Ein Feind ist ein Gegner, ein Gegner ist gleichzeitig auch Feind. Man kann den einen Begriff mit dem anderen vertauschen, und es kommt doch auf dasselbe hinaus, im üblichen Sprachgebrauch jedenfalls.
Das stimmt nicht.
Ein Gegner muss nicht unbedingt ein Feind sein, im Spiel etwa, im Sport. Der eine Begriff ist schwächer – oder besser: harmloser – als der andere. Feindschaft ist, so scheint es mir jedenfalls, krasse Gegnerschaft. Gelegentlich kann ein Gegner sogar ein Partner sein. Jeder Wettbewerb beruht, ohne dass es zumeist bewusst wird, auf Gegnerschaft. Man will siegen.
Und man gratuliert dem Sieger oftmals, auch wenn man der Verlierer ist. Trotz der Niederlage. Trotz erlittener Enttäuschung. Obwohl man traurig ist und es nicht zugeben will.
In der Politik sollte es eigentlich keine Feindschaft geben, nur Gegnerschaft. Die Demokratie hat dann auch Platz für ein Lob, das man dem Gegner spendet – obgleich das, wie ich an anderer Stelle berichten werde, äußerst selten vorkommt. Wenn Parteikongresse neue Obmänner oder Obfrauen wählen, wird fast immer nur eine einzige Person für die Spitzenfunktion nominiert. Nur selten gibt es eine echte Wahlmöglichkeit, die dann aus unerfindlichen Gründen und demokratischen Regeln eigentlich nicht entsprechend als Kampfwahl bezeichnet wird.

Die Politik hat ja ihre eigenen Spielregeln; das Wort „Spiel" mag da, wie wir wissen oder jedenfalls annehmen, fehl am Platz sein – davon bin jedenfalls ich überzeugt. Sagen wir also: Politik hat ihre eigenen Regeln. Das ist klar, werden Sie sagen. Politik soll lebendig sein, das Leben widerspiegeln, so wie auch Politiker Menschen sind oder jedenfalls sein sollten wie du und ich; über Einkommen zu sprechen, ist nicht mein Thema – das wäre eine völlig andere Geschichte.

Und weil Politiker eben Menschen sind wie du und ich, handeln und denken sie auch wie du und ich, wenngleich nicht immer und in allen Fällen. In einem freilich gleichen sie uns aufs Haar. Sie loben nicht oder zumindest äußert ungern. Lob kommt ihnen nur schwer oder überhaupt nicht über die Lippen.

Einspruch: Nach jeder Wahl bedanken sich die Sieger beim Wahlvolk, das ihnen zur Mehrheit verholfen hat. Allein, dieser Dank ist, obzwar auf dem Weg über die elektronischen Medien ausgesprochen, meist sehr kurz. Die Verlierer sagen dann jedes Mal: „Wir nehmen die Entscheidung der Wähler zur Kenntnis". Was sollen sie anderes tun?

Lob in der Politik – der Begriff ist in diesem Umfeld so gut wie nicht vorhanden. Wie gesagt: Auch die Wähler werden nicht gelobt. Die allfällige Befriedigung der Politiker wird zwar zur Kenntnis gebracht, sie bedanken sich, aber am nächsten Tag ist der Dank vergessen. Die Wähler haben ja nichts als ihre Schuldigkeit getan – eine Maxime, die das Problem des Lobens oder nicht Lobens in allen Bereichen durchzieht. In der Politik und unter Politikern ist dieses Verschweigen fälligen Lobs vielleicht noch gebräuchlicher als unter den „Menschen draußen".

Mag sein, dass dies ein Phänomen aus jüngerer Zeit ist. In anderen Ländern, auf anderen Kontinenten ist es zudem anders geformt. In den USA, wo die Parteidisziplin nicht so streng und wo auch das Wahlrecht völlig anders gestaltet ist, nimmt man es einem Politiker nicht übel, wenn er den anderen mit Lob geradezu überhäuft, selbst dann, wenn dieser ein Konkurrent ist oder war – und vielleicht auch noch von einer anderen Partei. Barack Obama und Hillary Clinton haben sich im Wettrennen um die Präsidentschaftsnominierung der Demokraten bis aufs politische Blut bekämpft. Als dann die Entscheidung gefallen war, lobte Obama seine einstige Konkurrentin über den grünen Klee. Als schließlich auch die Präsidentschaftswahlen entschieden und mit einem großen Sieg Obamas geendet hatten, lobte dieser wieder seinen Gegner John McCain vor den Republikanern, der sich auch in diesem Fall als Held bewährt habe.

In Amerika ist eben ein Lob auch als solches zu verstehen, ohne Umstände, ohne Klauseln. Und in Österreich? Zur Zeit der Monarchie soll im k.k. Abgeordnetenhaus, wie mir ein alter Kollege, der diese Anekdote aber auch nur vom Hörensagen erfahren hatte, einmal erzählte, im Verlauf einer überaus erregten, von Vorwürfen und sogar Beschimpfungen strotzenden Debatte, ein kräftiges Wort gefallen sein. Ein Mitglied des so genannten Polenclubs, der Gruppe von Abgeordneten vor allem aus Galizien, soll inmitten des Durcheinanderschreiens der Parlamentarier vom Vertreter einer anderen Partei überaus despektierlich apostrophiert worden sein. „Sie alter Ziegenschänder!", soll dieser Abgeordnete gerufen haben. Worauf der Beleidigte, ein weißhaariger Herr mit Rauschebart, sich umdrehte und lächelnd erwiderte: „Schmeichler!" Er bedankte sich für die Vermutung jugendlicher Kraft, die er, ein alter Mann, als Lob verstand.

Er hatte freilich „Schmeichler" gesagt. Schmeicheln ist etwas anderes als loben. Der Unterschied ist groß. An anderer Stelle erzähle ich davon.

Im Parlament der Republik Österreich ist Schmeichelei nicht gebräuchlich. Auch Lob für den Gegner findet man nicht oder jedenfalls kaum. Eine Ausnahme ist in den letzten Wochen der vorletzten österreichischen Bundesregierung gezeigt worden, sogar jeweils vor laufenden Fernsehkameras. Es ging um die heimische Bewältigung der internationalen Finanzkrise. Bundeskanzler Gusenbauer und Vizekanzler Molterer, der gleichzeitig Finanzminister war, überboten einander in Komplimenten. Seit ich mich als Journalist mit politischen Belangen befasste, hatte ich solches gegenseitiges Süßholzraspeln nicht gehört. Der sozialdemokratische Regierungschef und der konservative Leiter des Finanzressorts konnten nicht genug Lob für den anderen aufhäufen; wäre es nicht in Anbetracht der Verhältnisse verständlich gewesen, hätte es fast peinlich gewirkt. Dass nicht nur, wie die Volksweisheit sagt, der Teufel fliegen frisst, sondern sogar die Obmänner zweier gegnerischer Regierungslager einander beglückwünschen, ist freilich eine Folge eben einer Not, die kaum eine andere Möglichkeit offen ließ. Ansonsten nämlich ist Lob in der Politik ein unbekanntes Wesen.

Das ist verständlich. Da die Wähler, wie man weiß oder jedenfalls annimmt, nie für eine Partei, sondern meist gegen eine andere entscheiden, wirkt sich solches auch auf die Äußerungen der Politiker aus. Sie, die Sie sich für Politik interessieren, werden vergebens darauf warten, dass vom Rednerpult aus einem Vertreter einer anderen Partei Lob gespendet würde. Es ist fast denkunmöglich, und es ist deshalb nicht im Parteistatut festgehalten. Wer sagt, dass ein gegnerischer Politiker gut gearbeitet habe, macht sich verdächtig – deswegen sagt er es nicht.

Ein Beispiel dafür sind die politischen Talkshows, die „runden Tische", die Pressestunden, und was dergleichen an Gelegenheiten mehr sind, wo Politiker verschiedener

Parteien und Gruppierungen vor den TV-Kameras zusammen sitzen, oder auch, ja vor allem, wenn sie einzeln interviewt werden, wenn sie in irgendwelchen Radio- oder Fernsehsendungen „zu Gast" sind. Dann haben die anderen Parteien prompt Entgegnungen und Erwiderungen parat. Sie muten so an, als ob sie längst vorbereitet worden seien, zu einer Zeit, da niemand wissen konnte (oder hat man es sich bereits ausgerechnet?), was gesagt werden würde. Das Echo ist gemeinhin ablehnend, negativ, mitunter sogar aggressiv. Dass eine Reaktion am Ende gar lauten würde: „Er oder sie hat Recht" – das gibt es nicht. Das kommt nicht vor.

Denn: *Ultra posse nemo tenetur*, sagten die alten Römer. Niemand wird gezwungen, das zu tun, was über seine Kräfte geht. Das gilt auch, ja vor allem für die Politik. Und es gilt nicht zuletzt für politische Partner, etwa in Koalitionsregierungen. Auf Gedeih und Verderb zusammengeschweißt zu sein, wobei der Akzent offenbar stets eher auf Verderb gelegt wird, heißt nicht ideelle und schon gar nicht ideologische Gemeinsamkeit. Man arbeitet zusammen (wenn auch nicht „gemeinsam", der Unterschied ist gewaltig), und man ist sich bewusst, dass auch Schweißnähte platzen können.

Einige dieser Nähte sind freilich schwer zu trennen. Es gibt Koalitionen, in denen das gegenseitige Lob alltäglich zu sein scheint und Tadel nicht vorhanden ist. Nach den österreichischen Nationalratswahlen 2008 bildeten die Chefs der kleiner gewordenen Großparteien, Werner Faymann und Josef Pröll (den seine Freunde Sepp nennen), eine Regierung der Zusammenarbeit, und ich habe Bundeskanzler und Vizekanzler damals „Kuschel-Smileys" genannt. Keinem ist ein böses Wort über den anderen entkommen, im Gegenteil: Da war nur Lob für den guten Willen des Partners.

Denn wie immer, und auch in der Politik – soll heißen: unter Politikern –, bestätigen Ausnahmen die Regel, wenngleich diese Ausnahmen selbst schon fast zur Regel geworden sind. Wenn ein Politiker oder eine Politikerin sich zurückzieht, in den Ruhestand tritt oder zumindest seiner Funktion die Buchstaben „a. D." anfügt, wird gelobt – über alle Parteigrenzen hinweg. Auch hinweg über die Grenzen der Gruppierungen in der eigenen Partei. Ich habe es selbst erlebt, besser noch, und um ein altes Wahrwort zu verwenden: Ich bin dabei gewesen.

Ich war vor allem dabei, als Parteivorsitzende, nachdem sie abgewählt worden oder aus eigenen Stücken als Obmänner (Obfrauen hat es damals noch nicht gegeben) zurückgetreten waren, mit tosendem Beifall verabschiedet wurden. Die Reden waren dann jeweils voll des Lobs. Es waren politische Grabreden. Auch eine Art von Friedhofsrhetorik, könnte man meinen, wissend, dass die politischen Gottesäcker längst wegen Überfüllung geschlossen werden müssten. Es ist dann nicht mehr aktuell, was in der Politik fast zum Sprichwort wurde: Die Steigerung Gegner, Feind (in diesem Fall ist der Ausdruck gestattet), Parteifreund.

Ich kann mich deutlich an das Lob erinnern, das dem scheidenden österreichischen Bundeskanzler Bruno Kreisky gespendet worden war, als er zurücktrat, um seinem Nachfolger Fred Sinowatz Platz zu machen – der nicht minder gefeiert wurde, als er durch Franz Vranitzky ersetzt worden ist. Und der wurde gefeiert, als er seinen Abschied nahm und Viktor Klima an seine Stelle trat. Für nicht allzu lange. Noch kürzer freilich war, wie allgemein erinnerlich, die Amtszeit Alfred Gusenbauers. Allein, auch er wurde, als er einem neuen Parteichef Platz machen musste, mit lautem, wenngleich nicht tränenreichem Applaus verabschiedet. Dass er im Verlauf der politischen Begräbnisriten auch gelobt wurde, war nachgerade selbstverständlich.

Aber vorher ist Gusenbauer, der es immerhin dazu gebracht hatte, im Volk „Gusi" genannt zu werden, was so etwas wie einen Popularitätserfolg darstellte – vorher ist jener sozialdemokratische Politiker, der zum bisher kürzesten Regierungschef der Zweiten Republik werden sollte, gleichsam filetiert worden. Man hat ihn scheibchenweise politisch geschlachtet. Dass er es mit einer, wie die Amerikaner sagen, „stiff upper lip" ertragen hat, sprach für seine Charakterstärke.

Aber auch in der ÖVP spielte sich immer wieder das gleiche ab. Bundeskanzler und Parteivorsitzender Josef Klaus wurde nach verlorener Wahl über alle Maßen gelobt und beklatscht, ebenso wie Hermann Withalm, der sich als Platzhalter zur Verfügung gestellt hatte. Der nächste ÖVP-Obmann, Karl Schleinzer, kam durch einen Autounfall ums Leben, nach seinem Tod wurde Josef Taus gewählt. Es folgte eine bunte Obmänner-Reihe: Alois Mock, Josef Riegler, Erhard Busek, schließlich Wolfgang Schüssel und Wilhelm Molterer.

Wie sie die beiden letzteren verabschiedete, war kein Lobesblatt für die ÖVP. Nach und nach wurden alle jene gleichsam in die Wüste geschickt, die dem Clan Schüssel – Molterer angehört hatten. Pröll, der neue Parteiobmann, machte reinen Tisch – oder was er eben unter „rein" verstand. Das Lob für die Ausgeschiedenen hielt sich in engen Grenzen. Am deutlichsten war dies bei der letzten politisch überlebenden Außenministerin des früheren Regierungsteams der Fall, sowohl Pröll wie vor allem auch der neue Bundeskanzler Faymann rangen sich kaum ein Wort der Dankbarkeit ab, vom (fälligen) Lob war überhaupt fast nichts zu hören. Und Beifall? Keine Rede davon. Wie sagt Octavio Piccolomini als letzte Worte in Schillers *Wallenstein*? Dank vom Haus Österreich!

Es wäre angezeigt, jetzt über das Thema „Politische Kultur"

zu schreiben. Dazu fehlt der Platz, ein eigenes Buch wäre notwendig. Politische Kultur – das ist nicht zuletzt der Stil des Umgehens miteinander. In Europa, vor allem auch in Deutschland und Österreich, findet man ihn häufig nur in Spurenelementen. Dankbarkeit ist keine politische Kategorie, heißt es. Und weil es den Begriff „hinaufloben" gibt (jemanden betreffend, den man loswerden will und deswegen als überqualifiziert bezeichnet), gibt es auch das „hinunterloben". Das Lob zum Abschied. Es kommt gleich vor der Verdammnis.

Ich war dabei, als sich in der Wiener Stadthalle der Wechsel von Taus zu Mock vollzog. Taus konnte sich des Beifallssturms, der dem Abschiedslob gefolgt war, nicht erwehren. Nachher aber, während in der Halle die politischen Apparatschiks und Adabeis den neuen Vorsitzenden umdrängten, sah ich einen Mann mutterseelenallein zum Parkplatz gehen. Ich gesellte mich zu ihm – nicht um zu trösten oder zu ermuntern, sondern nur um zu reden. Es war Josef Taus, vor wenigen Stunden noch Obmann der zweitstärksten politischen Partei der Republik Österreich.

Es war auch in diesem Fall gekommen, wie es in allen politischen Parteien zu kommen pflegt, wenn ein Alter (oder eine Alte) geht und der Vorsitz erneuert wird. Dann folgt, um mit dem langjährigen österreichischen Nationalratspräsidenten Alfred Maleta zu sprechen, nach dem „Hosianna" das „Crucifige". Fast meint man, als Begleitmusik jeweils *Jesus Christ Superstar* zu hören: zuerst Hochrufe, dann das „ans Kreuz mit ihm". Und man kann nicht einmal sagen, dass dem Lob der Tadel folgte. Er ist zwar, wie auch alle anderen Parteivorsitzenden vor und nach ihm, bei Amtsantritt gelobt worden, aber der Tadel nachher hüllte sich in den Abschiedsbeifall. Dass ein Spitzenpolitiker, der einst viel gelobt worden war, schließlich mit Schimpf und Schande hinausgetrieben wird – das ist eine Seltenheit. Das

Negative wird zumeist verdrängt, das Wirken des oder der Betreffenden wird verklärt.

Doch auch hier wieder: Ausnahmen bestätigen die Regel. Vor allem dann, wenn es zu staatlichen Umbrüchen kommt. Wenn eine Staatsform geändert wird. Die Vertreter der alten müssen dann nicht nur jenen der neuen Platz machen, sie werden vielmehr oft zu Unpersonen erklärt, sofern es ihnen nicht überhaupt ans Leben geht.

In der Politik ist es eben so eine Sache mit dem Lob. Da kann jemand noch so viel Ehre eingelegt haben, sofern man meinte, es handle sich um Ehre – ist einmal die Umwertung der Werte vollzogen, muss die Vergangenheit, wenn es hoch hergeht, aufgearbeitet werden, meist aber wird sie ad acta gelegt. Ein britischer Historiker, heißt es bei Barbara Tuchman, habe sinngemäß geschrieben, die moralischen Vorstellungen der Gegenwärtigen seien nicht immer deckungsgleich mit jenen der Vergangenheit. Soll heißen: Was passiert ist, könne kaum jemand ermessen, der damals nicht gelebt hat.

Solches begreifend, ist der Weg zur Heldenverehrung nicht weit. Nehmen wir als Beispiel Napoleon Bonaparte, der heute, gleichsam als nationale Ikone der Franzosen, im Invalidendom zu Paris in einem Marmorsarkophag bestattet ist. Als er am 26. Februar 1815 sein Exil auf der Insel Elba verließ, um hundert Tage lang noch einmal Herrscher zu sein, wandelte sich die Stimmung der Bevölkerung von früherem Jubel und jetziger Acht blitzschnell wieder zu freudigem Beifall. Typisch waren die Schlagzeilen eines zeitgenössischen Tagblatts, des *Moniteurs*, die sich vom Schrecken stufenweise bis zur Begeisterung änderten.

„Der Unhold ist aus seiner Verbannung entwischt", hieß es zuerst. Ein wenig später titelte das Blatt: „Der korsische Werwolf ist bei Cannes ans Land gestiegen." Dann hieß es: „Der Tiger hat sich zu Gap gezeigt, und Truppen sind ihm entgegen gesandt, er endet als elender Abenteurer in den Bergen." Und schließlich: „Das Ungeheuer ist wirklich durch Verrat bis nach Grenoble gekommen." Ist es der Wankelmut, der gelegentlich den Journalismus bis heute verfolgt: Ist dies jenes „Crucifige", dass dem „Hosianna" vorausgeht, um dann schnell, wenn es sich geziemt, wieder in „Crucifige" verwandelt zu werden. Kreuziget ihn?

Doch weiter: „Der Tyrann war in Lyon, Entsetzen lähmte alles." Tag für Tag, Schritt für Schritt änderten die Zeitungen ihre Titel. „Der Usurpator hat es gewagt, sich der Hauptstadt auf 60 Stunden zu nähern." Dann: „Bonaparte kommt mit raschen Schritten, doch nie wird er Paris erreichen." Man beachte, wie sich die Anrede ändert. Schon heißt es: „Napoleon wird morgen unter unseren Mauern sein."

Die Ergebenheitsadresse war dann nur mehr eine Frage von Tagen – oder wenigen Stunden? Der Kaiser ist wieder Kaiser. Und die Zeitung Moniteur, die anfangs nicht genug an journalistischem Grimm gezeigt hatte, schrieb ehrfurchtsvoll: „Seine Majestät ist in Fontainebleau."

Jedes kommunikationswissenschaftliche Seminar müsste diesen Ablauf journalistischer Berichterstattung eigentlich als Paradebeispiel des Wechsels in der öffentlichen und vor allem der veröffentlichten Meinung wählen. Tadel – Lob – Tadel oder umgekehrt: Eine Aufeinanderfolge von Emotionsübungen, die es immer schon gegeben hat und immer geben wird. Als Journalist bitte ich um Pardon. Was meine Berufskollegen anno 1815 getan haben, war nicht neu; und es wird sich wiederholen. Auch 1938 ist dies vorgekommen. Auch der Journalismus wird von Menschen ausgeübt.

Ich möchte in diesem Zusammenhang aus Schillers *Wallenstein* zitieren: „Vor Tische las man's anders". Vor Wahlen liest man es anders, auf den Plakatwänden, in großen Inseraten, und man sieht es in den TV-Belangsendungen. Da werden die jeweiligen Spitzenkandidaten gelobt, dass die Balken brechen. „... wer sonst?", heißt es immer wieder mit wechselnden Namen. Denn er oder sie hat ja die Sache sehr gut gemacht. Er oder sie ist zu loben. Wahlpropaganda ist gleich Lob. Aber jede Wahl hat Sieger und Verlierer – es sei denn, es tritt nur eine einzige Person an, was dann natürlich keine Wahl ist. Wer verliert, wird bei uns zwar nicht zur Unperson, aber steht doch im Schatten. Er wird nicht mehr gelobt. Es besteht ja auch kein Anlass mehr dafür.

Nur wer am Fenster steht, ist allenfalls zu loben. Trittst du vom Fenster zurück, in das du dich früher hinausgelehnt hast, näherst du dich dem, was die Franzosen ein *non valeur* nennen. Du bist dann nicht mehr gebraucht und daher unnötig. Und du musst froh sein, wenn du nicht politisch entsorgt wirst – allenfalls auch ideologisch. Das kommt oft auch in der eigenen Partei vor.

Das Erlebnis mit dem abgewählten Josef Taus war für mich mit allen Einschränkungen (und ohne Vergleiche zu ziehen) doch ein Schlüsselerlebnis. Ich habe vorher und nachher ähnliche Zusammentreffen gehabt, mit Vertretern aller politischen Richtungen, die, wie ich sehen konnte, offenbar längst dem Gedächtnis der Zeitgenossen entschwunden waren. Ich sah sie im Theater, im Konzert, auf der Straße. Sie wurden kaum mehr gegrüßt.

Eines dieser Ereignisse, die keine mehr waren, ist mir besonders in Erinnerung geblieben. Es war in Moskau in einem Restaurant, das vor allem von Ausländern, und hier wieder von Deutschen, frequentiert wurde. Ein Herr mit Schiffermütze, wie man sie gelegentlich in Norddeutschland trägt, betrat den dicht gefüllten Speisesaal, wurde von den anderen Gästen kurz gemustert – und dann wendeten sie sich wieder ihren gefüllten Tellern zu.

Es war der frühere deutsche Bundeskanzler Helmut Schmidt, der durch die Tischreihen schritt und von den zahlreichen dinierenden Deutschen offenbar nicht erkannt wurde; dass sie ihn absichtlich übersahen, konnte ich mir nicht vorstellen. Aber ich hatte den Eindruck, als ob Schmidt doch enttäuscht war, dass ihn niemand zur Kenntnis nahm. War es Mitleid, war es Ehrerbietung? Ich stand auf und sagte: „Guten Abend, Herr Bundeskanzler!" Denn seinerzeit hatte mir ja der frühere Handelsminister und zeitweilige Vizekanzler der Republik Österreich, der schließlich Aufsichtsratspräsident der Creditanstalt geworden war, einen Rat fürs Leben mitgegeben: „Reden Sie jeden mit dem höchsten Titel an, den er in seinem Leben getragen hat!" Also sagte ich zu Helmut Schmidt „Herr Bundeskanzler". So wie ich auch Fritz Bock, als er längst in Pension war, immer noch mit „Herr Vizekanzler" ansprach ...

Und siehe, der auf diese Weise Apostrophierte wandte sich um, lächelte, legte erfreut die Hand an die Schirmmütze – und verschwand im nächsten Raum. Ich aber aß weiter in dem Bewusstsein, einem Menschen Freude bereitet zu haben, der vielleicht von der politischen Entwicklung enttäuscht worden war.

Solches kann, wie gesagt, auch in Österreich passieren – recht häufig sogar. Leopold Gratz, der in seinem Leben die höchsten Staatsämter ausgefüllt hatte (nur das allerhöchste, das des Bundespräsidenten, ist ihm versagt geblieben), erzählte in seiner Dankansprache anlässlich einer Geburtstagsfeier im Parlament wenige Monate vor seinem Tod (und fast schon der Welt entsagend), dass er, bereits im politischen Ausgedinge, in der Löwelstraße, dem Hauptquartier der österreichischen Sozialdemokratie, angerufen habe, um den Parteivorsitzenden zu sprechen. Auf die Frage der Telefonistin, wer denn der Anrufer sei, sagte er: „Gratz!" Worauf die junge Dame erwiderte: „Wie schreibt man das?" Es ist damals gelacht worden. Aber es war, dem

Publikum entsprechend, vielleicht auch ein resignierendes Lachen.

Politiker wissen, sofern sie wirkliche Politiker sind, mit einer Tatsache umzugehen, die viele von ihnen als bitter empfinden. Gewiss, sie wissen, dass Lob und Tadel einander abwechseln, je nach Parteizugehörigkeit, je nach Erfolg. Sie wissen es und vertraten es auch, sofern sie, wie gesagt, echte Politiker sind.

Aber was viele nur schwer oder überhaupt nicht ertragen, ist das Vergessensein. Es ist ärger als die Missachtung. Nicht mehr gelobt zu werden, ist eines, nicht mehr zur Kenntnis genommen zu werden, ist ein anderes – und es wiegt viel schwerer. Dann sieht man sie, so wie ich es bei Helmut Schmidt miterlebte, in Theaterpausen oder in Restaurants. Gleichsam suchend um sich blickend: Ihr, die ihr mich früher so viel gelobt habt, kennt ihr mich nicht mehr? Es gibt Menschen, die unter diesem öffentlichen Vergessen zusammenbrechen. Ich habe solche Fälle erlebt. Manche enden tödlich.

Lob, so abwegig es klingen mag, kann in seiner Nachwirkung auch tödlich sein. Bisweilen stirbt man, wenn es ausbleibt. Es ist dies eine mögliche Variante des so genannten Pensionsschocks. Aber auch das ist eine ganz andere Geschichte.

Jahrmarkt der Eitelkeit

Es war beim Opernball, jenem gesellschaftlichen Ereignis, das jedenfalls zu dem Zeitpunkt, von dem ich erzählen möchte, noch eines gewesen ist; seither hat die Veranstaltung, wie von Missgünstigen wahrscheinlich fälschlicherweise behauptet wird, viel vom einstigen Glanz verloren. Damals aber war dieser Glanz noch vorhanden, und um über ihn für meine Zeitung zu berichten, war auch ich dabei. Es gab Jubel, Trubel und Heiterkeit, als dann plötzlich ein soignierter Herr ans Mikrophon trat, dem Orchester für einen Augenblick Ruhe gebot und bekannt gab: „Es ist ein Orden gefunden worden, er ist an der Garderobe abzuholen!" Der Scherz, der keiner war, ist belacht worden. Auch von jenen, die nicht einen, sondern mehrere Orden am Frack trugen.

Es waren viele Dekorierte, die sich auf dem Parkett tummelten, und ich wunderte mich, dass nur ein einziger Orden verloren gegangen war. Immerhin sind solche Medaillen, Kreuze, Sterne und Halsbänder ja die gebräuchlichste Art, die der Staat zur Verfügung hat, um Lob auszusprechen. Wobei der Grund der Belobigung vielfältig ist.

Aber zurück zu den Dekorationen. Sie sind, wie gesagt, mannigfach, werden zumeist von Herren getragen (ganz vereinzelt sieht man sie en miniature auch auf den Roben von Damen), und werden vom Bundespräsidenten verliehen, nachdem man „eingegeben" worden ist. Eingegeben – das heißt, dass irgendjemand, irgendein Amt, irgendeine öffentliche Institution, der Meinung war, der oder die Betreffende sei reif für eine Auszeichnung. Dann ist der Amtweg zu beschreiten – und vor allem die so genannte Interkalarfrist zu beachten, für den Fall, dass bereits eine staatliche Dekoration vorhanden ist. Dann müssen bis zur neuen Auszeichnung ein paar Jahre vergehen.

Jahrmarkt der Eitelkeit? Jeder Mensch ist eitel, der eine weniger, der andere mehr, der eine berechtigt, der andere unberechtigt. Die Eitelkeit ist eines der Antriebsmittel zwischenmenschlicher Kommunikation, fast das zweitwichtigste nach dem Geschlechtstrieb, wie manche meinen. Die Eitelkeit führt zu Höhenflug und Niedergeschlagenheit, sie kann gesteigert und oft auch verletzt werden. Letzteres ist der Fall, wenn sich jemand nicht auf der Liste derer findet, die „eingegeben" worden sind. Dann kann es sogar zu Katastrophen kommen.

Noch einmal: Eitelkeit ist ein weit verbreitetes Laster. Ich kenne viele eitle Menschen, vor allem auch Angehörige so genannter künstlerischer und geistiger Berufe. Auch ich bin eitel. Ich habe die Orden, die ich in meinem langen Leben bekam, in eine Vitrine gelegt. Ich erfreue mich an ihnen, ich bin stolz auf sie. Ich bekenne dies ohne Umschweife. Deshalb scheint es mir ganz natürlich, dass auch andere Ordensträger stolz sind – und fast mehr noch die Ordensträgerinnen. Mitunter stellt sich natürlich die Frage, welche Leistung hier gelobt und belohnt wurde. Aber wie gesagt: Wir alle tummeln uns auf dem Jahrmarkt der Eitelkeit.

Auch der Lokomotivführer jenes Zuges, der seinerzeit den jugoslawischen Präsidenten Tito zu einem Staatsbesuch nach Wien brachte? Der Mann lehnte vergnügt aus dem Fenster seiner Lok und trug eine Medaille an der Arbeitsbluse. Er habe sie noch vor der Abfahrt bekommen, sagte er, als ich ihn interviewte. Später erfuhr ich, was indes jeder wusste, der mit in- und ausländischen Auszeichnungen jemals zu tun gehabt hatte: Man muss nicht unbedingt des Lobes würdig sein, um mittels einer Auszeichnung gelobt zu werden.

Dass Orden ein Beweis öffentlichen Lobs seien, glaubt man nur. Sie sind es gelegentlich, aber durchaus nicht immer. Bei Staatsbesuchen werden Auszeichnungen „schüppelweise" den Gästen vorangeschickt, um von den Gastgebern rechtzeitig noch vor dem ersten Händeschütteln getragen zu werden – so wie früher bei feierlichen Visiten der Monarch A die Uniform des Staates B und der Monarch B jene des Staates A trug, als Ehrerweisung, weil A und B ja befreundet waren oder jedenfalls sein sollten.
Monarchen, Präsidenten und andere Staatsoberhäupter haben ihre eigenen Auszeichnungsmethoden und Ordensregeln – und mit staatlichem Lob hat dies rein gar nichts zu tun. Es sei denn, das Lob gilt der Fähigkeit, die höchste Staatsfunktion erklommen zu haben. So ist, meine ich, auch die Auszeichnung zu verstehen, die das österreichische Staatsoberhaupt zugleich mit der Übernahme der Funktion erhält: der Großstern. Er ist automatisch mit dem Amt verbunden – in diesem Fall nach dem Motto „Gelobt sei, wer sein Ziel erreicht!". Wer da lobt, mag unbenommen bleiben.
Ebenso unbenommen bleibt, dass einige Staaten ganz bewusst auf Orden verzichten. Die Schweiz ist darunter, und auch die Vereinigten Staaten haben keine Dekoration im landläufigen europäischen Sinn. Aber wer mit der „Medal of Honor" ausgezeichnet wird, dieser höchsten Ehrenmedaille der USA, ist fast schon reif für die Geschichtsbücher.
Staatliches Lob ist von Heldenverehrung zu Recht nicht zu trennen. *Laurum Militibus Lauro Dignis* steht in Wien auf dem äußeren Burgtor: Lorbeer den Soldaten, die des Lorbeers würdig sind. Lorbeer – dieses schon in der Antike bekannte Zeichen öffentlichen Lobs. In Rom und Griechenland war er, zum Kranz geflochten, für Feldherren und Dichter, für Sieger in Feldzügen und sportlichen Wettbe-

werben vorgesehen, Zeichen für Ruhm, Ehre und – ja, und für Lob, auch für Lob der Allgemeinheit, sprich: des Volks. Die alten Römer wussten freilich das Lob des Triumphzugs in die richtige Dimension zu rücken: Hinter dem umjubelten Feldherren stand auf dem Streitwagen ein Sklave mit einem glimmenden Docht in der Hand. Er habe, heißt es, dem Triumphator immer wieder ins Ohr geflüstert: *Memento mori*. Gedenke, dass du sterblich bist.

Laurum Lauro Dignis: Das trifft heutzutage auf einen weitaus größeren Personenkreis zu, als es sich die alten Römer und Griechen je hätten vorstellen können. Das Lob, das sie zollten, galt nicht zuletzt den Rednern. Heute werden, wenn sie denn auftreten, auch Stotterer gelobt und ausgezeichnet.

Freilich auch Personen, in diesem Fall aus verständlichen Gründen fast nur Männer, die ohne Befehl oder über einen Befehl hinaus erfolgreich gehandelt hatten. Und dadurch besondere Tapferkeit erwiesen. In fast jedem Staat gab und gibt es solche Auszeichnungen. In Österreich ist es der Maria-Theresien-Orden gewesen, von Kaiserin Maria Theresia nach der siegreichen Schlacht von Kolin gegen die Preußen am 18. Juni 1775 gestiftet. Er wurde für die Ausführung einer „besonders herzhaften That" verliehen, die jeder Offizier von Ehre, wie es hieß, ohne Vorwurf auch hätte unterlassen können. Immer wieder ist behauptet worden, diese höchste militärische Auszeichnung, die es in Österreich bis 1918 gab, sei auch für Heldentaten erworben worden, die gegen einen ausdrücklichen Befehl siegreich begangen wurden.

Das ist natürlich völlig falsch gewesen. Gegen einen Befehl zu handeln, auch wenn dies Erfolg versprechend gewesen wäre, hätte Kriegsgericht bedeutet ... Kleist hat in seinem *Prinz Friedrich von Homburg* dieses Thema angesprochen.

Der Staat lobt. Er tut dies immer öfter, auch wenn es vielfach an den Motiven oder Gründen mangelt. Er tut dies auch, und zwar mit Hilfe der erwähnten Orden und Ehrenzeichen, wenn die Geehrten mit dem Staat, der sie ehrt und demnach auch lobt, nichts zu tun haben – so etwa, wenn bei den erwähnten Staatsbesuchen Orden der jeweiligen Partnerstaaten ausgetauscht werden. In diesem Fall hat die staatliche Ehrung, soll heißen, das staatliche Lob, nichts mit der Tätigkeit des oder der Gelobten zu tun. Dafür sind die Ehrentitel da.

Es kommt freilich vor, dass jemand mit staatlichem Lob nichts anzufangen weiß. Dass er es nicht haben, nicht akzeptieren will. Dass er ganz bewusst zeigen will, dass er darauf nicht angewiesen ist. Dann weist er oder sie den Orden zurück. Das passiert freilich nur selten. Ebenso selten, wie ein Titel abgelehnt wird, von dem der oder die Betreffende meint, dass er oder sie ihn nicht nötig hat. Dass es in jüngster Zeit fast einen Tsunami an Professorentiteln gab, wäre ein Grund für eine solche Geste.

Aber ihre Träger sind stolz. Auch sie spazieren auf diesem Jahrmarkt der Eitelkeit, der auf allen Seiten und in allen Windrichtungen offen und stets dicht bevölkert ist. Nein, nicht die akademisch erworbenen Titel sind da gemeint. Jene, die sie tragen, haben sich, wie man so schön sagt, wirklich bemüht. Das Lob dafür wird in den Urkunden ja sogar, wenngleich in lateinischer Sprache, eigens dokumentiert: *Nos Universitatis Literarum Vindobonensis H. T. Rector* kommt da zu Wort; *In Virum Clarissimum P. P.* – der Name ist in diesem Fall nebensächlich, genderabhängig heißt es jeweils auch *In Feminam Clarissimam* – wird, *postquam examinibus legitimis laudabile … probavit*, das jeweilige Doktorat verliehen. Also: Nachdem alle Prüfungen mit Lob bestanden wurden, hat man erreicht, was das jahrelange Studium vorbereiten sollte.

Lob: diesmal von der „Alma Mater Rudolphina", der Wiener Universität. Das dokumentarische Lob, das von anderen Universitäten gespendet wird, ist nicht minder aufwändig – vor allem von jenen, die älter sind als die Wiener. Aber immerhin, man hat das akademische Lob mit Schweiß und gelegentlich auch Tränen erreicht.

Es hat jedenfalls nicht (oder im Allgemeinen nicht) jenes körperlichen Merkmals bedurft, das man gemeinhin als Sitzfleisch bezeichnet. Man hat den akademischen Titel, welcher auch immer es sein mag, nicht aufgrund der Länge der betreffenden Studientätigkeit erreicht. Bei den meisten staatlichen Titeln ist es anders. Wer eine entsprechende amtliche Tätigkeit lange genug ausübt, kann damit rechnen, dass er für den nächsten „ansteht". Und damit ist oft tatsächlich auch Lob verbunden – es ist unrichtig, dass „guter Rat teuer" sei, sprich: dass man bei uns, wo es ja eine Fülle von „Räten" gibt, sich einen solchen Ratstitel auch kaufen kann.

Aber sie werden doch meist ohne Rücksicht auf wirkliche Verdienste verliehen, diese Titel, von denen mir „Hofrat" am besten gefällt, weil es seit 1918 jedenfalls in Österreich keinen Hof mehr gibt. Andererseits wird das auf diese Weise übermittelte Lob der Republik nicht in Gestalt eines „Titels ohne Mittel" erteilt, vielmehr erfolgt gleichzeitig auch eine entsprechende Aufbesserung dieser Mittel. Dies geschieht auch immer dann, wenn etwa ein Ministerialbeamter von Lob überhäuft in den Ruhestand verabschiedet wird. Mitunter bekommt er, sofern er bereits Ministerialrat war, den Titel Sektionschef ehrenhalber als Zulage zur Pension, wobei diese Zulage auch finanziell zu verstehen ist. Mit dem Übertritt in den Ruhestand erhöht sich dementsprechend der Ruhestandsgenuss.

Titel ist gleich Lob, Lob ist gleich Titel – das sind Gleichungen mit einer ganzen Reihe von Unbekannten. Indes, es gibt sie auch bei den geistlichen Ämtern. Auch da ist, jedenfalls in der katholischen Kirche, die Reihe der Titel nicht leicht zu ergründen. Als ich noch ins Gymnasium ging, sind die Religionsprofessoren noch im Talar in die Schule gekommen. Unserer, ein lieber alter Herr, betrat die Klasse eines Tages mit einem Zingulum, der priesterlichen Leibbinde, das zu unserer Überraschung nicht schwarz, sondern violett war. Er sei, berichtete er stolz, Monsignore geworden – oder hatte einen anderen Ehrentitel bekommen, dessen Namen ich nicht mehr weiß. Jedenfalls erfuhren wir nachher, dass auch er „angestanden" war für eine solche ehrenhalber erfahrene klerikale Beförderung. Ob damit auch Lob für seine pädagogischen Fähigkeiten verbunden war, wussten wir nicht. Wir hatten ihn geschätzt, fast geliebt – und daher auch gelobt, auch wenn dieses Lob unausgesprochen blieb.

Er war, wie man so schön sagt, ein wackerer Soldat Gottes gewesen. Und er hatte seinen violetten Lorbeer zweifellos verdient. *Laurum Militibus Lauro Dignis*? Der Lorbeer gedeiht freilich auch in kahlen Gebieten und auf sandigem Boden. Und er ist, wenn man ihn, was möglich ist, in der Wohnung hält, nicht auf regelmäßige Bewässerung angewiesen, lese ich. Er verdorrt selten.

Aus dem Lorbeer werden, wie gesagt, die Siegeskränze geflochten. Manche vertrocknen im Lauf der Zeit, im Lauf auch der politischen Entwicklungen. Manche Helden, die in einer Epoche als solche galten, werden in einer nächsten ihres Heldentums entkleidet. Der in Gmünd geborene Fliegerhauptmann Walter Nowotny, der mit dem höchsten Orden der deutschen Wehrmacht ausgezeichnet und nach seinem tödlichen Absturz im November 1944 in einem Ehrengrab auf dem Zentralfriedhof bestattet wurde, ist heute umstrittene Ikone rechtsradikaler Verbände. Bei ihm ist das Lob des seinerzeitigen Triumphzugs schnell vom glimmenden Docht ersetzt worden, der den Lorbeerkranz in Brand setzte.

Zu meinen düstersten Erinnerungen freilich zählen jene Eindrücke, die ich 1945 erlebte, als ich in einer der letzten noch von den Deutschen gefilmten Wochenschauen eine gespenstige Szene sah. Der „Führer" zeichnete im Hof der Berliner Reichskanzlei während einer Feuerpause, als rundum alles bereits in Trümmern lag, eine Gruppe von Hitlerjungen, die im so genannten „Volkssturm" gekämpft hatten, mit dem Eisernen Kreuz aus.

Hitler, sichtlich am Ende seiner Nervenkraft, verkroch sich fast im aufgeschlagenen Kragen seines Mantels – und jedem Buben, der von ihm die Auszeichnung erhielt, tätschelte er die Wange. Da war kein Lächeln mehr, und die jungen Menschen, die sichtlich noch im Schulalter waren, zeigten auch kein Zeichen der Freude, obwohl sie von ihrem „Führer" gelobt worden waren. Lob? Wofür? Weil sie als halbe Kinder immer noch ihre Haut zu jenem Markt getragen hatten, der für sie alles andere war als ein „Jahrmarkt der Eitelkeit"? Weil Adolf Hitler sie lobend gestreichelt hatte, schauten sie ihm doch ins Auge, stolz offenbar, wobei es möglicherweise schon stolze Trauer wegen des nicht erlebten „Endsiegs" gewesen sein mag.

Auch diese Szene symbolisierte Lob, sogar handgreiflich ausgeübt: Hitler wollte sichtlich den (nutzlosen) Mut dieser Handvoll Hitlerjungen ehren, die nicht „getürmt" waren, obgleich dies das einzig Vernünftige und Richtige gewesen war in diesen Apriltagen '45. Ich weiß nicht, ob einer von diesen Buben überlebt hat. Ich weiß auch nicht, ob je irgendjemand ihnen Lorbeer geflochten hat. Hätte er ihnen gebührt? Etwa, weil sie immer noch an jenem Wahlspruch festgehalten hatten, den ich für einen der dümmsten der Geschichte halte: „Unsere Ehre heißt Treue"?

Die Dosis macht das Gift

Vom Loben wird auch im Evangelium gesprochen. Genauer: in der Bergpredigt. Noch genauer: beim Evangelisten Lukas. Er schildert (genauso wie auch Matthäus, dieser aber aus einem anderen Blickwinkel) das Loben als Gefahr. Er bettet es ein in die so genannten Weherufe, die Jesus an die Seligpreisungen anschließt. Sie wissen: Selig sind die ...
Bei Matthäus sind es sieben Seligpreisungen. Sieben, die heilige Zahl. Sie ist es von Alters her gewesen, diese Sieben-Zahl: Sieben Todsünden, sieben Tugenden, sieben Arme am jüdischen Leuchter. Die Sieben ist selbst in die deutschen Märchen übernommen worden: von den sieben Geißlein bis zu den sieben Schwaben. Selbst der Volksmund hat sich von der „heiligen Zahl" nicht freimachen können. „Pack deine sieben Zwetschken ein", sagt er ...
Wieso ausgerechnet die Sieben eine mystische und mythische Zahl ist, will ich hier nicht ergründen. Andererseits hat zwar außer Matthäus auch Lukas sich mit der Bergpredigt befasst, die Anzahl der Seligpreisungen aber vermindert. Dafür hat er die so genannten Weherufe aufgeschrieben. Es sind nicht gerade Verdammungsurteile, die man da liest, aber doch Prophezeiungen, die nichts Gutes verheißen.
Zwar heißt es: „Selig seid ihr, wenn euch die Menschen hassen und aus ihrer Gemeinschaft ausschließen, wenn sie euch beschimpfen und euch in Verruf bringen um des Menschensohns Willen. Freut euch und jauchzt an jenem Tag, euer Lohn im Himmel wird groß sein." Im *Evangeli-*

mann, dem Wilhelm Kienzl ein musikalisches Denkmal gesetzt hat, ist diese letzte Seligpreisung eine der schönsten Arien. Dann aber folgen im Evangelium die Weherufe, eine krasse Dissonanz nach den so positiven Ankündigungen. „Aber weh euch, die ihr reich seid, denn ihr habt keinen Trost mehr zu erwarten", ruft Jesus in der Bergpredigt dem Volk zu. „Weh euch, die ihr jetzt satt seid, denn ihr werdet hungern. Weh euch, die ihr jetzt lacht, denn ihr werdet klagen und weinen."
Und dann kommt schließlich eine Ankündigung, die ich als besondere Drohung empfinde: „Weh euch, wenn euch alle Menschen loben, denn ebenso haben es ihre Väter mit den falschen Propheten gemacht."
Wir sind verblüfft, überrascht, möglicherweise sogar verängstigt, wenn wir diesen Teil des Evangeliums ernst nehmen. Weh uns, wenn wir gelobt werden? Weh dir und mir, wenn uns Lob gespendet wird? Ist dies eine Absage an das Loben überhaupt, vielleicht auch an jede Art von positiver Kritik? „Diese Worte erschrecken uns", schreibt auch Papst Benedikt XVI. in seinem Buch *Jesus von Nazareth*. Noch einmal: „Diese Worte erschrecken uns. Was sollen wir davon halten?"
Benedikt, einst Josef Ratzinger, schließt eine Erklärung an, die ihn als Theologen zeigt. Aber er versucht dennoch, die Erläuterung in einer auch für den Laien verständlichen Sprache zu liefern. Er spricht von einer „Warntafel". Die Weherufe sind keine Verdammungen; sie sind kein Ausdruck von Hass oder Neid oder Feindseligkeit. Es geht nicht um Verurteilung, sondern um Warnung, die retten will.
Folgerichtig fragt der Papst: „Stimmt denn die Richtung, die der Herr uns in den Seligpreisungen und in den entgegengesetzten Warnungen zeigt? Ist es denn wirklich schlimm, reich zu sein – satt zu sein – zu lachen – gelobt zu

werden?" Benedikt erklärt: „Angesichts des Missbrauchs ökonomischer Macht, angesichts der Grausamkeiten eines Kapitalismus, der den Menschen zur Ware degradiert, sind uns auch die Gefährdungen des Reichtums aufgegangen und verstehen wir wieder neu, was Jesus mit der Warnung vor dem Reichtum, vor der den Menschen zerstörenden Gottheit Mammon meinte."

Auch Lob, könnte man im Sinne von Lukas und dann auch Benedikt hinzufügen, auch Lob kann Reichtum bedeuten, ideellen Reichtum. Daher: „Die Seligpreisungen stehen unserem spontanen Daseinsgefühl, unserem Hunger und Durst nach Leben entgegen." Benedikt weist dann auch noch darauf hin, „dass die eigentliche Sünde des Menschen, seine tiefste Gefährdung, die Hybris ist – die anmaßende Selbstherrlichkeit, in der der Mensch sich zur Gottheit erhebt, selbst sein eigener Gott sein will, um das Leben ganz und gar zu besitzen und auszuschöpfen, was es ihm nur zu bieten hat". Die Bedrohung des Menschen liege in der auftrumpfenden Selbstherrlichkeit, die zunächst so einleuchtend erscheine und die „in der Bergpredigt von der Gestalt Christi her zu seiner ganzen Tiefe geführt" werde.

Ich gebe zu: In einem Buch über das Loben einen – und sei es einen auch noch so kurzen – Exkurs in die Theologie zu nehmen, ist gewagt. Aber es scheint mir doch eine ungeheure Diskrepanz zu sein zwischen dem so positiven Bewusstsein, gelobt zu werden, und dem Weheruf in der Bergpredigt: „Weh euch, wenn euch alle Menschen loben." Selbst die Erklärung, die Papst Benedikt XVI. gibt, hilft da nichts, vielmehr mag sie manchem schwer verständlich, ja verwirrend sein.

Gehen wir es anders an. „... wenn euch alle Menschen loben", sagt Jesus. Alle Menschen. Gibt es das? Gibt es Lob, das von allen gespendet wird, ohne Rücksicht, ohne Begründung, einfach so? Und steht da nicht auch die

Quantität in Frage? Lob von allen Menschen – das ist nicht nur viel, das ist zu viel. Sollte man meinen. Zu viel Lob, allzu dick aufgetragenes Lob ist von der Schmeichelei, über die ich an anderer Stelle erzähle, kaum zu trennen. Und Schmeichelei mag für den Empfänger angenehm sein, in Wirklichkeit ist sie eine negative Größe. Sie entlarvt, wenn sie als solche erkennbar ist, den Spender.

Allerdings erinnere ich mich in diesem Fall dann wieder an die bereits erwähnte Erzählung des österreichischen Altbundeskanzlers Bruno Kreisky über seinen Vater, den mährischen Industriellen, und dessen Gespräch mit seinem Personalvertreter. „Sie haben keine Ahnung, wie viel Lob ich vertragen kann" – auch so kann man antworten, wenn sich ein Untergebener für das entschuldigt, was man hierzulande als „anstrudeln" bezeichnet. Eben als Lobhudelei.

Hier soll jetzt nicht über das Wie, Wann und Wo des Lobens und des Lobs gesprochen werden. Es geht nur um das Maß. Besser: um das richtige Maß; das Ziel ist verschieden, die Ursache des Lobens und ihre Begründung also. Nein. Nur die Fülle des Lobs steht in Frage. Kann man zu viel loben? Gibt es ein Maß des Lobs?

„Die Dosis macht das Gift", hat Paracelsus, der berühmte Arzt, geschrieben und gepredigt. Die Dosis – soll heißen das Quantum, die Menge. Heute sagen wir: Allzu viel ist ungesund. Dass dies auch für das Lob gilt, mag sonderbar klingen, scheint aber selbstverständlich. Das richtige Maß in allen Dingen ist ein Grundprinzip, eine Grundforderung der alten Griechen und Römer gewesen. *Meden agan*, stand am Apollontempel in Delphi. Angeblich stammt der Spruch von den „Sieben Weisen" Griechenlands. Wieder haben wir die Sieben! Die Römer sagten: *Ne quid nimis*. Also: „Nichts zu sehr." Beide, die Griechen und die Römer, haben das Gleiche gemeint: Maß halten.

Zuviel freilich impliziert auch das Zuwenig. Kann man zu wenig loben? Nicht Gotteslob ist hier gemeint. Aber es gibt Zeiten und Epochen, da es ungewöhnlich, ja gefährlich war und ist, mit Lob zurückzuhalten. Dieses Lob kann dann bis zur Hysterie gehen, vor allem dann, wenn es gleichbedeutend ist mit Beifall. In der Diktatur kann Lob für den Herrscher nicht überschwänglich genug sein, kann jedes Maß überscheiten, da ja das Ziel klar ist: mitunter sogar die persönliche Sicherheit. Wer sich vom Lob ausschließt, wird bestenfalls ausgegrenzt und schlimmstenfalls geköpft.

Wer immer im Fernsehen die Demonstrationen und Aufmärsche miterlebt hat, die etwa dem nordkoreanischen Machthaber Kim Il Sung huldigten, erkennt das für ausländische Beobachter unerträgliche Maß des Lobs, das da, ob ausgesprochen oder nicht, von den Massen gezollt wird. Wer immer in der NS-Zeit sich vom allgemeinen Lob des „Führers" absentiert hat, begab sich in Gefahr. Man war gezwungen, einzustimmen. Andernfalls hatte man sich zu hüten. In der Sowjetunion war es zu Stalins Zeiten nicht anders. Das Lob für den Diktator war allgemein und überall.

Es gibt in der Tat einen Mainstream des Lobs. Freilich auch einen Mainstream des Gegenteils, einen des Tadels. Auch in diesem Fall gilt: Wer sich als Non-Konformist geriert, läuft Gefahr, zumindest gescholten zu werden. Als Peter Handke nicht nur eine Verteidigung des serbischen, damals noch jugoslawischen, Kriegsverbrechers Slobodan Milosevic schrieb, sondern auch dessen Begräbnis beiwohnte, sah er sich zeitweilig isoliert.

Zurück zur Bergpredigt. So betrachtet, kann tatsächlich allgemeines Lob mit einem Weheruf bedacht werden. Andererseits preist Jesus jene selig, die von den Menschen gehasst „und aus ihrer Gemeinschaft ausgeschlossen" werden, „wenn sie euch beschimpfen und euch in Verruf bringen". Übermaß des einen kann genauso schädlich sein wie Übermaß des anderen. Es mag gewagt sein, einen Bezug herzustellen zwischen der Bergpredigt und der Lobhudelei. Aber ist es das wirklich?

Lobhudelei – das ist dick aufgetragenes Lob. Wieder muss man da die Schmeichelei unterscheiden. Lobhudelei ist das Gegenteil von Lob, so wie gut gemeint das Gegenteil von gut ist. Lobhudelei ist nicht Medikament und nicht Gift, es ist Schleim. Man spricht deshalb von den Lobhudlern auch gerne als „Schleimis" – eine der neudeutschen Wortschöpfungen. Lobhudler werden fast immer als solche erkannt. Der Gelobte ist im besten Fall verstimmt, auch wenn er sich vielleicht doch an Bruno Kreiskys Erzählung hält: „Sie haben keine Ahnung, wie viel Lob ich vertragen kann." Irgendwann ist es zu viel. Und dann wird einem übel.

Das Kompliment und die Schmeichelei

Es muss im Kabarett gewesen sein – oder war es in einer Feydeau-Komödie? Jedenfalls habe ich damals, als ich den Ausspruch hörte, sehr gelacht – und das Publikum war gleichfalls erheitert. Die Szene: Ein Herr traf eine Bekannte, eine, wie die Franzosen (siehe Feydeau) auch heute noch gerne zu sagen pflegen, *femme entre deux âges*. Eine Dame also, die jünger wirken wollte als sie war. Der Herr war galant, offenbar ohne Rücksicht auf seine wahren Gedanken. Und er sagte: „Küss das Handerl, küss das Fußerl, küss das ganze entzückende Ensemble."
„Tableau" könnte man sagen, um im Jargon zu bleiben. Der Herr hatte „Ensemble" gesagt; er hätte auch „Emballage" sagen können. Er meinte ja das Äußere und wollte sich mit dem Inneren nicht befassen. Er wollte offenbar witzig sein, wie es sich für eine Komödie geziemt, eine französische, eines von jenen Theaterstücken, die besonders leicht sind und duftig und unwiederholbar – in der Übersetzung leiden sie daher bisweilen.
Deutsche Komödien sind, heißt es, plumper – eine Meinung, die ich nicht teilen kann. Ich halte auch nichts von dem Dichterwort, das da lautet: „Im Deutschen lügt man, wenn man höflich ist." Auch die Deutschen und die Österreicher können höflich sein. Man behauptet zwar, ihre Sprache sei härter als etwa das einschmeichelnde Französisch und das an Facetten reichere Englisch, und auch das Spanische ist angeblich der deutschen Sprache, was höfliche Floskeln betrifft, überlegen.
Aber wenn es ans Schmeicheln geht, hält das Deutsche mit

jeder anderen Sprache mit. Ich behaupte, dass der Dichter Unrecht hatte. Ich behaupte, dass auch im Deutschen Höflichkeit nicht unbedingt eine Lüge sein muss. Allerdings ist sie es oft. Darüber später.
Aber bleiben wir vorerst bei den vielleicht in der Tat plumpen, für unsere Ohren aber immerhin fast zärtlich gemeinten freundlichen Worten, die da dieser gewisse Herr zu einer gewissen Dame sprach: „Küss das ganze entzückende Ensemble." Natürlich war es nicht ernst gemeint, schon deswegen, weil das Küssen des Fußerls heute nicht mehr am Platze wäre; im Mittelalter und auch noch im 18. Jahrhundert hat es dies gegeben, da hat ein Verehrer der Angebeteten, wie man lesen kann, noch den Fuß geküsst – eine solche Geste, der Fußkuss, war dann noch bis weit in die Gegenwart herauf in fernöstlichen Gegenden gebräuchlich, wenn es darum ging, einen besonders hoch Gestellten seine Ehrerbietung mitzuteilen.
„Küss das Handerl, küss das Fußerl, küss das ganze entzückende Ensemble" – das war natürlich scherzhaft gemeint. Aber es war kein Kompliment. Es war vielmehr eine Schmeichelei. Der Unterschied ist gewaltig. Nicht mit dem Kompliment möchte ich mich jetzt befassen. Vielmehr möchte ich Ihnen erzählen, was Schmeichelei ist. Was man darunter verstehen kann, soll oder darf. Und warum die Schmeichelei selbstverständlich auch als Lob gedacht ist, aber als falsches. Man lügt nicht, wenn man höflich ist. Man lügt, wenn man schmeichelt.
Einspruch! Wer schmeichelnd lobt, muss nicht unbedingt lügen. Er übertreibt. Er überhöht Fakten, die an und für sich nicht falsch sind. Aber er überhöht sie so, dass sie zur Falschheit werden, gelegentlich auch zur beabsichtigten.
In diesem Zusammenhang (und vielleicht auch zur Erläuterung solch vielleicht komplizierteren Gedankengänge) darf ich einen Scherz erzählen, eine Anekdote, die mögli-

cherweise makaber klingt, aber doch zeigt, was gemeint ist. Zwei Herren spazieren auf der Straße, und plötzlich sagt der eine zum anderen: „Schau dir den Buben da an – was der für einen Wasserkopf hat!" Darauf der andere: „Was fällt dir ein – das ist mein Sohn!" Worauf der erste schnell zur Antwort gibt: „Steht ihm aber gut!"

Das ist blitzschnelles Umschalten von einem Ausdruck der Missachtung zu einem des Lobs. Freilich eines falschen Lobs. Nicht einmal Schmeichelei kann man das nennen. Es ist interessant, wie sehr solche Szenen, die Missfallen blitzartig in Lob verändern, im Humor (oder was man dafür hält) ihren Platz haben. Ein weiteres Beispiel gefällig? Ein Mann lässt sich vom Schneider einen Anzug anpassen. Ein Ärmel ist zu kurz? „Halten Sie den Arm vielleicht etwas angewinkelt!" Das Sakko sitzt zu knapp? „Drehen Sie sich einstweilen auf die Seite und gehen Sie gebückt, bis wir ein neues Stück fertig haben!" Ein Hosenbein ist zu lang? „Heben Sie das andere Bein, bis wir eine neue Hose angepasst haben!"

Der Mann verlässt wütend den Kleidermacher, einen neuen Anzug erwartend und vorerst, wie geheißen, den falschen tragend. „Schau dir den Krüppel an!", sagt ein Passant zum anderen. Worauf dieser erwidert: „Aber einen guten Schneider hat er."

Hier wird die Dissonanz zum Flötenton. Das Missgeschick wird vom anderen zum Lob umgemünzt. „Du schaust aber gut aus!", heißt es oft. Oder, eine bekannte Dame wiedersehend: „Du wirst immer jünger!" Manchmal ist es die Wahrheit, das Aussehen ließ die Zeit stillstehen. Sehr oft aber ist dieses Lob nichts als eine der gebräuchlichsten aller Schmeicheleien. Ich habe noch keinen Menschen weiblichen Geschlechts getroffen, der sich nicht für ein solches Kompliment bedankt hätte, es als überaus charmant empfand – was es ja auch sein sollte.

Schmeichelei (und alle ihre Abarten, was fatal nach „abartig" klingt), ist zumeist Lüge. Sie ist falsches Lob. Wer schmeichelt, übertreibt ein Lob, das er in Wahrheit nicht als solches gemeint hat. Er schmiert, wie es immer wieder heißt, dem oder der anderen Honig ums Maul.

Der Begriff „Schmeicheln" hat sogar in der Werbung Einlass gefunden. „Schmeichelweich" sagt man, hört man, sieht man. Das ist natürlich als Lob gemeint. Die Weichheit eines Gewebes schmeichelt der Haut. Mag sein, dass dieses Gewebe bald wieder zerfällt. Am Anfang aber schmeichelt es.

Besonders tüchtige Schmeichler findet man unter den Tieren, unter den Katzen zumal, „Schmeichelkatze" ist daher ein gebräuchliches Wort geworden. Wenn eine Katze schnurrt und sich zärtlich am Bein reibt, ist man verführt, sie Schmeichelkatze zu nennen. In Wirklichkeit liegt dem Tier, könnte man meinen, nichts ferner als zu schmeicheln, es verfolgt ein Ziel, das nicht unbedingt der gefüllte Fressnapf sein muss. Die Schmeichelkatze hat, sofern dies tierpsychologisch möglich ist, einen Zweck im Auge – und der besteht ganz gewiss nicht darin, dem Menschen Liebe zum Ausdruck zu bringen.

Zurück zum schmeichelnden Menschen. Zurück zum Lob, das unehrlich ist, wenn es zu Schmeichelei wird. Die Schmeichelei ist so etwas wie der Giftpilz positiver Kommunikation zwischen Menschen. Sie sieht schön aus, hört sich gut an und macht Freude. Sie riecht auch gut. Dass sie giftig ist, merkt man erst, wenn man sie gekostet hat – sprich: wenn man sie ernst nehmen will.

Wenn man sich mit der Kunst des Lobens befassen möchte, ist es unumgänglich, auch die Kunst des Schmeichelns zu beschreiben. Schmeichle so, dass dem Geschmeichelten der Unterschied zum Lob nicht bewusst wird. Schmeichle so, dass der Geschmeichelte glaubt, du willst ihn oder sie im

Übermaß loben, ohne dass ihm oder ihr bewusst wird, dass hier mit dem falschen Maß gemessen wird. Die Geschichte mit dem alten Reichsratsabgeordneten, der sich als „Ziegenschänder" geschmeichelt fühlte, liegt freilich auf einer anderen Ebene: Der alte Mandatar wusste, wie er reagieren sollte.

Schmeicheln ist auch etwas anderes als Lobhudelei (über die ich an anderer Stelle geschrieben habe). Lobhudelei hat immerhin zumindest einen Bruchteil von echtem Lob an sich. Sie besteht darin, die Grenze zwischen maßvollem und übermäßigem Lob zu überschreiten, ohne dabei der Falschheit zu unterliegen.

Schmeichelei aber ist Falschheit an sich. Wer schmeichelt, findet nichts daran, Fakten umzudrehen. Schmeichelei ist als Lob verkleidete Falschheit. Sie ist unaufrichtig. Zum Unterschied von der Lobhudelei ist die Schmeichelei einzig und allein dazu da, ein Ziel zu erreichen. Sie hat, ebenso wie die erwähnte Schmeichelkatze, ein Ziel im Auge. Und dieses Ziel bestimmt auch das Maß. Wer schmeichelt, will etwas.

Es gelingt ihm auch oft. Schmeichelei ist häufig erfolgsträchtig. Vor allem dann, wenn sie nicht als solche erkannt, sondern als Lob gewertet wird. Es ist schwirig, den Unterschied zu erkennen. „Du schaust gut aus!" Man kann dieses Beispiel nicht oft genug erwähnen. Ist es Schmeichelei, wenn es einem oder einer Kranken gegenüber geäußert wird? Es ist, glaube ich, möglicherweise ein Teil der Therapie und daher positiv zu bewerten – die einzige Schmeichelei, die nichts oder nicht viel Negatives an sich hat. Sie soll und darf aufrichten. Auch wenn es nicht stimmt, ist es kein Fehler, eine solche Art von Schmeichelei anzubringen. In Wahrheit mag der auf diese Weise Schmeichelnde vom schlechten Aussehen des Gegenübers sogar betreten sein. In diesem Fall soll die Schmeichelei, die auch hier als solche gewertet werden muss und nicht als Lob, den Heilungsprozess beschleunigen. Sogar, wenn sie auch in diesem Fall unaufrichtig ist.

Im Krankenzimmer freilich fehlt der Schmeichelei der Beigeschmack des Egoismus: Ich schmeichle, weil ich etwas will. Es mag auch im Krankenzimmer die Unaufrichtigkeit vorhanden sein, aber sie ist nicht spürbar. Und vor allem: Der oder die Geschmeichelte will nicht zur Kenntnis nehmen, dass es sich um eine Schmeichelei handelt. Er möchte partout glauben, dass ihm die Wahrheit gesagt wird.

Auch anderswo freilich werden die Schmeichler oft, ja zumeist nicht als solche erkannt. Im Gegenteil: Sie machen stolz. Vor allem dann, wenn der oder die Betreffende sogar „umschmeichelt" wird, soll heißen: wenn die Schmeichler einander die Türschnalle in die Hand geben. Je häufiger die Schmeichelei, desto glaubwürdiger wird sie für den Betreffenden. Sie ist für ihn dann von wahrem Lob nicht mehr zu unterscheiden. Hitler, Stalin, Kim Il Sung sind umschmeichelt worden und meinten, dass sie auf dem richtigen Weg seien, weil sie keine (oder keine offene) Widerrede fanden.

Die Unaufrichtigkeit des zur Schmeichelei entarteten übermäßigen Lobs stört selbst dann nicht, wenn sie als solche wahrgenommen wird. Als Otto Schulmeister, mein Vorgänger als Chefredakteur der *Presse*, einen Volontär fragte, was dieser denn gerade lese (Schulmeister legte Wert auf entsprechende Lektüre), sagte dieser sichtlich und hörbar schmeichelnd: „Gerade ein Buch von Ihnen, Herr Doktor!" Der Autor freute sich. Ich aber, der dabei stand, lachte in mich hinein. Der Mann hatte, wie ich wusste, keines der Schulmeister-Bücher je in die Hand genommen. Er hatte geschmeichelt, und die Schmeichelei wurde akzeptiert, ohne, wie ich glaube, als solche erkannt zu werden. Gelegentlich freilich ist dieses Ziel verschwommen, es ist nicht einmal dem Schmeichler präzise bekannt. Die Schmeichelei ist eine um ihrer selbst Willen. Es gibt die Anekdote von einem Rechtsanwalt, der sich mit einem „Schriftsatz", wie es in der Fachsprache heißt, an den Obersten Gerichtshof (es muss nicht gerade jener der Republik Österreich sein) wendet. Der Gerichtshof, hieß es darin, „hat sich in dieser Causa bereits zwei Mal geäußert, einmal positiv und einmal negativ. Aber beide Male treffend!" Das war gewiss – und wenn's nicht wahr ist, ist es gut erfunden gewesen – eine Schmeichelei, eine ganz große sogar. Was der Anwalt aber damit erreichen wollte, weiß man nicht. Es sei denn, er wollte das oberste Gericht günstig stimmen.

Das ist ja eigentlich das Sonderbare (soll ich sagen: das Teuflische?) der Schmeichelei: Dass sie, wie gesagt, vom Lob nicht leicht unterschieden werden kann. Im Gegenteil, die Reaktion auf sie ist eine ähnliche wie die Reaktion auf ein Lob. Man errötet. Man freut sich. Umschmeichelt zu werden, ist angenehmer, als sich dem Tadel auszusetzen. Und es ist angenehmer, vor allem für die anderen, wenn der Geschmeichelte nicht vor Wut, sondern vor Freude einen roten Kopf bekommt. Dann hat der Schmeichler wahrscheinlich zumindest den ersten Teil seines Ziels erreicht.

Es sei denn, es folgt die Widerrede. Die Schmeichelei, als Lob getarnt, wird zurückgewiesen, weil sie offenbar zur Routine erstarrt ist. Solche Widerrede ist freilich selten. Auch wenn man weiß, dass es sich um nichts anderes handelt als eben um eine mitunter sogar aufdringliche Schmeichelei, wird sie gemeinhin akzeptiert, oft sogar mit Vergnügen. Sie Charmebolzen! Meist hat man mit diesem Charme sein Visavis sogar froh und glücklich gemacht.

Über die Toten nur Gutes

Er war einer der sieben Weisen Griechenlands und nicht nur einer der bekanntesten Philosophen der alten Hellenen, sondern einer, dessen Gedanken bis heute als Merksätze, ja als Sprichworte bekannt sind: Chilon von Sparta. „Erkenne dich selbst" hat er gesagt, und diese Inschrift stand, wie schon erwähnt, dann auch auf dem Apollo-Tempel zu Delphi. Ein anderer seiner Aussprüche (über ihn ist noch an anderer Stelle zu lesen) lautete: *Meden agan.* Nichts im Überfluss. Oder auch: Von nichts zu viel.
Dass dies auch vom Loben gesagt werden muss, ist selbstverständlich. Hier aber soll wieder von dem anderen berühmten Wahrwort Chilons die Rede sein: *De mortuis nil nisi bene.* Über die Toten, meinte er, möge man nur Gutes reden. Man kann es freilich auch noch anders und wörtlich übersetzen: Über die Toten nichts außer Gutes.
Ich habe im Prolog bereits diesen Grundsatz erwähnt. Er ist es wert, ausführlicher behandelt zu werden. Ist er doch in der gesamten antiken Welt, also auch bei den Römern, beachtet worden. „Ni quid nimis" übersetzte Terenz, der Dichter, den Chilon-Spruch. Er ist möglicherweise auch auf den weisen Solon, den Schöpfer griechischen Rechts, zurückzuführen. Es war ja jener Solon, an dessen Spruch sich Krösus, der sprichwörtlich reiche König, erinnerte, als er auf dem Scheiterhaufen stand: „Niemand ist vor seinem Tode glücklich zu preisen".
Genug der Legenden. Unwahr ist möglicherweise, was alles über die Herkunft dieser altgriechischen Weisheit berichtet wurde und wird. Wahr ist vielmehr (und vor allem), dass sie

auch heute gilt, wenngleich mit Ausnahmen. Über die Toten nur Gutes! Jeder Friedhofsbesuch darf als Beweis gelten, da braucht man nur die Inschriften auf den Grabsteinen zu lesen. Mir fallen da immer die letzten zwei Zeilen eines Gedichts ein, das gleichsam gute Ratschläge enthält und mit den Worten endet: „... und viel mehr Blumen während des Lebens, denn auf den Gräbern sind sie vergebens."

Sie werden reichlich gestreut, diese Blumen. Das Lob am Grab kann zwar, wie man meint, nur von den Lebenden gehört werden, aber es fließt umso reichlicher. Jede Grabrede ist voll von Erinnerung, und natürlich von positiver. Ich kann mich nicht erinnern, je eine Ansprache an der offenen Grube gehört zu haben, die auch Kritik an dem oder der Verstorbenen geübt hätte. Dies trifft sogar auf Menschen zu, deren Leben in Schimpf und Schande geendet hat – oder durch Selbstmord. Wenn die Grabrede zur Gedenkrede wird, bleibt das Negative ausgeklammert. *De mortuis nil nisi bene.*

Gewiss, es gibt Ausnahmen. Es gibt Fälle, in denen selbst engste Familienbande (das Wort „Bande" ist hier fatal doppeldeutig!) nicht davon abhalten, dem oder der Verblichenen Grimm, ja Wut ins Grab zu schleudern, sofern dieses überhaupt bekannt ist. Eines der bedrückendsten Beispiele ist jenes von Hans Frank, der als Generalgouverneur im besetzten Polen für die Ermordung hunderttausender Polen mitverantwortlich war. Im Nürnberger Kriegsverbrecher-Prozess wurde er zum Tod verurteilt und am 16. Oktober 1946 gehängt. Sein Sohn Niklas Frank hat unter dem Titel *Der Vater* 1987 ein Buch veröffentlicht, in dem er seinem Hass gegen seine Eltern freien Lauf ließ. Er schrieb unter anderem: „Wenn man seinen Vater verfolgt, wie ich, wenn man in sein Hirn hineinkriecht, wie ich, wenn man seine Feigheiten studiert, und sie wieder findet, wie ich bei mir, wenn man bei den Recherchen sieht, welch

Gierzapfen meine Mutter war, wie sie das Generalgouvernement Polen als Supermarkt auffasste, in dem sie als ‚Frau Generalgouverneur' die Preise selbst bestimmen konnte, wenn man, wie ich mit ihr, durch die Gettos fuhr und Pelze auflud aus den jüdischen Geschäften, deren Inhaber fälschlicherweise glaubten, durch Brigitte Frank ihr Leben retten zu können, dann kann aus all dem Leid und Hass zwischen den Leichenbergen nur eines entstehen: Die Groteske."
Die Veröffentlichung ist nicht nur in Deutschland lebhaft diskutiert worden. Dass ein Sohn seine Eltern hasst und diesem Hass publizistisch Ausdruck verleiht – das ist verständlich. Dass aber nicht eine winzige Spur von Erklärung, Erläuterung, gewiss nicht von Verzeihung und auch nicht von Verständnis, aber doch von jenem dünnen Faden übrig bleibt, der im Verhältnis Eltern – Kinder spürbar werden könnte, hat viele Menschen verstört.
Aber noch einmal: Ausnahmen bestätigen die Regel, und diese Regel lautet: Über die Toten nur Gutes. Und wenn kein Lob, dann Schweigen.
Grabreden sind in der Mehrzahl Lobreden. Sie drücken aus, dass der Mensch, der bestattet wird, Gutes getan und Böses unterlassen habe. Und weil der Witz selbst vor dem Makaberen nicht haltmacht, soll einer erzählt werden, der aus dem unerschöpflichen Quell jüdischer, humorvoller Tristesse stammt. Da steht einer vor dem Grab eines alten Freundes und liest die Inschrift auf dem Stein: „Hier liegt Moritz Kohn, ein guter Mensch, ein ehrlicher Kaufmann". Der Besucher schluchzt in sein Taschentuch. „Du Armer! Mit zwa wildfremde Leut hab'n s' dich begraben!"
Es schadet, glaube ich, nicht, kurz zu lächeln, wenn man über das Lob am Grab spricht. Noch dazu, da eine ganze Fülle lobender Grabreden erhalten ist, mitunter sogar Teil der Literatur. Ich halte jenen bekannten und im Prolog bereits erwähnten Nachruf, ein Ruf in der Tat, den Shake-

speare in seinem *Julius Caesar* dem Marc Anton in den Mund legt, für einen der eindrucks- und wirkungsvollsten.
„Mitbürger! Freunde! Römer! Hört mich an:
Begraben will ich Cäsarn, nicht ihn preisen.
Was Menschen Übles tun, das überlebt sie,
Das Gute wird mit ihnen oft begraben.
So sei es auch mit Cäsarn! Der edle Brutus
Hat euch gesagt, dass er voll Herrschsucht war;
Und war er das, so war's ein schwer Vergehen,
Und schwer hat Cäsar auch dafür gebüßt.
Hier liegt er mit des Brutus Willen und der andern
(Denn Brutus ist ein ehrenwerter Mann,
Das sind sie alle, alle ehrenwert).
Komm ich, bei Cäsars Leichenzug zu reden.
Er war mein Freund, war mir gerecht und treu:
Doch Brutus sagt, dass er voll Herrschsucht war
Und Brutus ist ein ehrenwerter Mann.
Er brachte viel Gefang'ne heim nach Rom
Wofür das Lösegeld den Schatz gefüllt.
Sah das der Herrschsucht wohl am Cäsar gleich?
Wenn Arme zu ihm schrien, so weinte Cäsar:
Die Herrschsucht sollt aus härter'm Stoff bestehen.
Doch Brutus sagt, dass er voll Herrschsucht war.
Und Brutus ist ein ehrenwerter Mann."
Marc Antons doppeldeutige Rede auf dem Forum endet schließlich mit einer Aufforderung (und einem Lob), das deutlich erkennen lässt, was er in Wahrheit meinte:
„Doch seht dies Pergament mit Cäsars Siegel;
Ich fand's bei ihm. Es ist sein letzter Wille.
Vernehme nur das Volk dies Testament,
(Das ich, verzeiht mir, nicht zu lesen denke)
Sie gingen hin und küssten Cäsars Wunden,
Und tauchten Tücher in sein heil'ges Blut,
Ja bäten um ein Haar zum Angedenken."

Wir wissen, wie die Geschichte ausgeht: Marc Anton triumphiert, Brutus stürzt sich in sein Schwert. William Shakespeare hatte eine Totenrede geschrieben, die in ihrer eindeutigen Zweideutigkeit zum Besten gehört, was der Mann aus Stratford-on-Avon je zu Papier gebracht hat. Es ist Lob am Grabe, gleichsam hinterhältig verpackt. Und als Angriff auf den Mörder gemeint.
Ganz anders Perikles, der „nach der Väter Brauch" im Winter des Jahres 431 v. Chr. die Toten des Perserkrieges ehrte. Er sprach in seiner Grabrede über die Stadt Athen, über ihre Menschen, ihren Verteidigungswillen, vor allem aber auch über die Gefallenen:
„Nur soweit verträgt der Mensch das Lob fremder Leistungen, als er selbst sich imstande glaubt, etwas von dem Gehörten zu leisten. Was darüber hinausgeht, dem schenkt er, aus Neid schon, keinen Glauben.
Athen sei die Stadt, die diese Edlen sich nicht nehmen lassen wollten; für sie haben sie gekämpft, sind sie gefallen ... Ein Ende wie das ihre, war es nun erste Verheißung oder letzte Besiegelung, scheint mir echtes Mannestum zu offenbaren. Denn auch bei denen, die sonst nicht gerade die Besten waren, löscht gerechterweise der Mut, den sie auf dem Schlachtfeld für ihr Vaterland bewiesen haben, alles andere aus. Durch Heldentaten haben sie Untaten getilgt. Und also dem Gemeinwesen mehr genützt als früher in ihrem bürgerlichen Leben geschadet. Keinen Reichen unter ihnen hat der Genuss, den das Leben ihm noch zu bieten hatte, in seiner Pflicht weich gemacht; aber auch kein Armer, der hoffte, vielleicht noch einmal reich zu werden, wenn er dem Tod entginge, hat sich um einen Aufschub des Furchtbaren bemüht. Die Züchtigung des Feindes lag ihnen mehr am Herzen als ihr Leben. So wurden sie als echte Kinder ihres Volkes die Helden, die sie sind. Fürs ganze gaben sie ihr Leben und

gewannen dafür, jeder einzelne, nie welkendes Lob und ein Grab, das weithin leuchtet – ich meine nicht das, in dem sie ruhen, sondern jenes, in dem ihr Ruhm für jeden guten Anlass, ihrer in Wort und Tat zu gedenken, zur ewigen Erinnerung hinterlassen ist. Ruhmvoller Männergrab ist die ganze Erde, und nicht nur die Inschrift auf der heimischen Säule kündet sie. Nein, auch in der weiten Welt lebe ungeschrieben in jedem Herzen ein Gedenken mehr noch ihres Wesens als ihres Werkes."

Heldengedenken ist Lob, war es immer und wird es sein, solange es Helden gibt – wobei die Frage, was heute unter Heldentum zu verstehen ist, hier nicht diskutiert werden soll. Über Walter Nowotny, den umstrittenen deutschen Fliegeroffizier, dem das Ehrengrab später aberkannt wurde, habe ich schon geschrieben. Grabreden für Helden, Nachruhm für Menschen, die, als sie erkannten, welchem Unrecht sie gedient hatten, ihr Leben opferten – auch für sie hat die jüngste Geschichte ihren Platz.

Generalfeldmarschall Erwin Rommel wäre da zu nennen, der schließlich dem Verschwörerkreis um Claus von Stauffenberg angehört hatte, oder Fliegergeneral Ernst Udet, dem Zuckmayer in seinem Schauspiel *Des Teufels General* ein Denkmal gesetzt hat. Die letzten Worte des Stücks, am Telefon gesprochen, von einem SS-Offizier nach dem Selbstmord des Generals Harras, wie Udet im Schauspiel heißt, lauten: „Jawohl, Staatsbegräbnis!" Und es war auch ein Staatsbegräbnis, das Rommel bekommen hat, der gleichfalls durch Selbstmord endete.

Falsches, hinterhältiges, erlogenes Lob für wahre Helden? Lassen wir die Infamie an der Bahre. Gibt es nicht auch Helden der Feder, der Dichtkunst, der Wissenschaft? Nicht alle Reden, die über ihren Gräbern gehalten wurden, kann man heute noch lesen. Aber die von Schelling, gehalten nach Goethes Tod in der Münchner Akademie der Wissen-

schaften, eine Rede, die eigentlich dem Wirken des berühmten englischen Physikers Michael Faraday galt, enthielt in ihrer Schlusspassage eine der wohl schönsten Elogen, die einem Dichter gewidmet waren.
Unvermittelt kam Schelling auf das „weltbewegende" Ereignis zu sprechen, das wenige Tage vorher „Deutschland und die gesamte Kulturwelt" heimgesucht hatte. Schelling nannte den Toten einen Mann, der „in allen innern und äußeren Verwirrungen wie eine mächtige Säule hervorragte. An der viele sich aufrichteten, wie ein Pharos, der alle Wege des Geistes beleuchtete; der, aller Anarchie und Gesetzlosigkeit durch seine Natur Feind, die Herrschaft, welche er über die Geister ausübte, stets nur der Wahrheit und dem in sich selbst gefundenen Maß verdanken wollte; in dessen Geist und, wie ich hinzusetzen darf, in dessen Herzen Deutschland für alles, wovon es in Kunst oder Wissenschaft, in der Poesie oder im Leben bewegt wurde, das Urteil väterlicher Weisheit, eine letzte versöhnende Entscheidung zu finden sicher war. Deutschland war nicht verwaist, nicht verarmt, es war in aller Schwäche und inneren Zerrüttung groß, reich und mächtig vom Geist, solange Goethe lebte."
Unter allem Schwulst der Redekunst des 19. Jahrhunderts sind doch deutlich Lob, Dank und Ehrfurcht verborgen. So wie es auch Abraham Lincoln gemeint hatte – ich bitte um Verzeihung, dass jetzt wieder ein berühmtes Heldengedenken zur Sprache kommt, nämlich in der Rede in Gettysburg anno 1863 nach einer der blutigsten Schlachten des Amerikanischen Bürgerkriegs. Was der Präsident damals ausdrückte, war trotz traurigem Anlass eine der schönsten Lobeshymnen der amerikanischen Geschichte gewesen:
„Die Welt wird kaum zur Kenntnis nehmen noch sich lange an das erinnern, was wir hier sagen – aber sie kann

niemals vergessen, was jene hier taten. Es ist vielmehr an uns, den Lebenden, dass wir … die Toten ehren durch noch mehr Hingabe an die Sache, für die sie das höchste Maß an Hingabe aufbrachten – dass wir hier feierlich erklären, diese Toten sollen nicht umsonst gestorben sein, dass die Nation mit Gottes Beistand eine Neugeburt der Freiheit erlebe und dass das Regieren des Volkes durch das Volk und für das Volk von dieser Erde nicht wieder vergehen soll."

Die letzten Worte sind in allen amerikanischen Geschichtsbüchern und in vielen europäischen zu lesen. Nicht zuletzt sie haben Abraham Lincoln zum größten Präsidenten der USA gemacht.

Woran liegt es, dass unter Grab- und Gedenkreden gerade jene an Heldengräbern auch heute noch so bekannt sind? Kein Begräbnis auf dem berühmten Friedhof in Arlington, in dem zumeist in einem bewaffneten Konflikt gefallene Amerikaner beigesetzt sind, endet ohne Lobrede auf den Toten. Der Friedhof platzt, wenn die Metapher gestattet ist, aus allen Nähten. Er ist der Militärakademie Westpoint benachbart. Schicksalhaftes Zusammentreffen oder Zufall der Geografie?

Immer wieder: Über die Toten nur Gutes. Wie jeder Gang über einen Friedhof, jede Inschrift auf einem Grabstein zeigt, soll sich die Nachwelt, wenn überhaupt, der Toten nur im besten Sinn erinnern. Und die Grabreden wachsen sich oft, wie wir gesehen haben, fast zu literarischen Denkmälern aus, jedenfalls aber zu historischen.

Schon vor Tausenden von Jahren, schon im alten Ägypten, hat man, wenngleich nur in Hieroglyphen, in manchen Gräbern der Pharaonen die Heldentaten (vor allem die Siege, verständlicherweise nie die Niederlagen) an den Wänden festgehalten. Im alten Rom ist auf dem Triumphwagen eines heimkehrenden, umjubelten Feldherrn, hinter

den Geehrten ein Sklave mit einem glimmenden Docht gestanden. Er sollte mahnen, dass alle menschliche Ehrung und jedes Lob nicht auf Dauer sind.
Und dass sie, wie gesagt, häufig überhaupt erst nach dem Tode gültig zu werden scheinen. *Tod und Verklärung* nennt Richard Strauss eine seiner schönsten Kompositionen. Das ist in diesem Fall nicht nur metaphysisch, sondern buchstäblich gemeint. Die Verklärung ist die positive Erinnerung. Das Lob wird allzu häufig eben erst am Grab gespendet. Was aber, wenn die Trauernden nicht in der Lage sind, dieses Lob auszudrücken? Was, wenn eine fällige Trauerrede, eine gewünschte oder vielleicht auch notwendige Abschiedsansprache nicht möglich ist, weil niemand reden kann? Oder niemand reden will?
Dann tritt, wenn gewünscht (und es wird sehr oft gewünscht), ein professioneller Redner auf. Ein „Nachrufsprecher", wie er im Berufsjargon der Institute heißt, die ihn zu Verfügung stellen, der Bestattungsunternehmen nämlich. Man kann ihn mieten. Er ist, wenn gewünscht, in den Begräbniskosten mit eingeschlossen. Gewiss, er ist nicht billig („er" deshalb, weil es fast ausschließlich Männer sind). Der Nachrufsprecher kostet brutto etwa 220,– Euro, Steuern und Taxen inklusive. Ein Pappenstiel, wenn man die Gesamtkosten einer würdigen Beerdigung kalkuliert ...
Die „Mietredner" kommen aus den verschiedensten Berufen, sie verdienen an den offenen Gräbern ein nicht geringes Nebeneinkommen. Manche widmen sich freilich gleichsam hauptberuflich dieser Beschäftigung. Sogar Menschen sind darunter, die am Abend als Kabarettisten wirken – mag sein, dass sie am Friedhof den Ausgleich für die gekünstelte Heiterkeit des Lebens suchen. Am Tag ans offene Grab, am Abend auf der Kabarettbühne. Es ist allzu menschlich, was da gespielt wird – gespielt offenbar im wahrsten Sinn des Wortes.

Denn die „Nachrufsprecher" hatten vorher gewöhnlich keinerlei Beziehung zu dem Menschen, an dessen Begräbnis sie teilnehmen sollen, und natürlich auch nicht zu den Trauergästen. Der Redner, den die Bestattungsfirma zur Verfügung stellt, muss sich demnach „schlau machen" (wenn diese Redewendung erlaubt ist), er muss wenigstens ein paar Details über das Leben des oder der Toten wissen. Die Fakten sind dann oft auf einem Zettel verborgen, der dem gleichsam beamteten Nachrufsprecher insgeheim zugesteckt wird. Man darf ja um Gottes Willen nicht erkennen, dass der Redner ein „gemieteter" ist! Ein paar Stichwörter genügen, einige Merksätze, ganz wenige Daten. Allenfalls findet vor der Beisetzung ein kurzes Gespräch statt.

Und dann wird gelobt. Der Redner ist geschult. Er kennt sich aus. Er weiß, wann und wie auf die Tränendrüsen zu drücken ist. Er weiß auch, dass er zwischen zu wenig und zu viel die Mitte abzuwägen hat. Er kennt, wie gesagt, sein „Gewerbe". Er ist ein Schau-Spieler. Er wird dafür bezahlt, dass er weinen lässt. Er macht Geld mit dem Lob. Deswegen ist er einer, der das Loben lobt.

Nicht jeder Grabredner tut es. Für manche ist es so etwas wie ein makabres Hobby. Da ist zum Beispiel der Linzer Walter Müller, Kinderbuchautor, Künstler – und einer, der für fremde Leute am offenen Grab eine Rede hält. Ein Porträt zeichnet, wie er sagt. Die Trauergäste kennt er mitunter nicht einmal. Er weiß aber, wie es ist, „Trauerarbeit" leisten zu müssen, bisweilen vom Schmerz überwältigt zu sein.

Müller weiß es, weil er „Totenbücher" geschrieben hat. Romane über den Tod. Einer handelte vom Sterben seines Vaters (*Die Häuser meines Vaters* hat er das Buch genannt) und ein anderer vom Krebstod seines Halbbruders. Müller hat in der Tat seine Trauerarbeit geleistet, und er möchte dies anderen erleichtern.

Er tut es, indem er, wie er seinerzeit in der Radiosendung *Menschenbilder* erzählte, nach intensiver Recherche ein Konterfei des oder der Verblichenen zurechtzimmert. Er möchte jedes Mal eine Persönlichkeit aufbauen. Er will auch manches zurechtrücken. Da war eine Familie, berichtete er in dem Interview, die den Tod der alten Mutter – nun, sagen wir: nicht gerade betrauert hat. Die Frau sei, wie ihre Angehörigen erzählten, eine „unmögliche Person" gewesen.
Müller erkundigte sich, forschte nach – und entdeckte, dass die Verstorbene keineswegs so böse gewesen ist, wie es offenbar den Anschein hatte. Er konnte ein anderes Bild malen in seiner Grabrede. Und es war für ihn ein doppelter Lohn, zu merken, dass die Trauergäste „aufgerichtet" nach Hause gingen, ohne sich an das Negative zu erinnern, das sie vielleicht erlebt hatten. Das Lob des Redners wog schwerer als der Tadel, den sie andernfalls der Toten mitgegeben hätten. So etwas zu erreichen, sei für ihn und sein „Hobby" das wahre Entgelt.
Obgleich er das Reden am Grab, wie gesagt, nur als eine Art von Liebhaberei betreibt. Sonderbar für einen Autor, der auch Kinderbücher schreibt, nicht wahr? Aber für Walter Müller ist der Tod nur ein zusätzlicher Akzent des Lebens. Er sieht ihn nicht negativ. Deshalb ist die Grabrede für ihn im Grunde kein Abschluss, sondern fast ein lobender Auftakt.
Aber Walter Müller ist natürlich nicht so ausgebildet, wie er hätte sein müssen, lebte er zu Zeiten eines Aristoteles oder eines Cicero. Vor allem im antiken Rom ist ja – und die Totenrede auf Caesar, von Shakespeare geradezu perfekt nachempfunden, ist ein hervorragendes Beispiel – vor allem zur Zeit Ciceros also und Epikurs und, ja, und Gaius Iulius Caesars war die *Laudatio Funebris* ein Höhepunkt der Redekunst, der Rhetorik. Perikles, dessen Totenrede

überliefert wurde, wie wir gesehen haben, oder auch die anderen Laudationes aus der Kulturwelt des 19. und frühen 20. Jahrhunderts sind klassische (in jeder Bedeutung des Wortes klassische) Exempel geschliffener Rede am Grab.

Die römische Leichenrede war ein einziges Lob des oder der Verstorbenen. Auch das geringste Wort des Tadels war verpönt – war es doch jene Totenklage, die seit urdenklichen Zeiten die Seele begleiten sollte. Sie gehörte zum Prunk des Begräbnisses, sie war die letzte Ehre, die von der Gens (heute würde man sagen: vom Clan, von der erweiterten Familie) dem Mitglied gezollt wurde.

De mortuis nil nisi bene. Über die Toten nur Gutes. Auch wenn der Tote zu Lebzeiten umstritten war und die Todesart ungewöhnlich. Um Jörg Haider trauerte ein ganzes Bundesland, und die Totenreden selbst der politischen Gegner hielten sich an das uralte Motto, dass man vor allem nur Positives erwähnen sollte. Um Helmut Zilk wieder, den populären Wiener Bürgermeister, wurde ein Totenprunk entfaltet, der dem eines Kaisers glich – samt historischem Sargwagen und Fackelbeleuchtung. Er bekam das, was die Wiener so gern haben: im buchstäblichen Sinn „a schöne Leich".

Über die Toten nur Gutes. Über die Toten nur Lob. Ein schöner, zu Herzen gehender Spruch fürwahr. Mag sein, dass ein Gang durch die Gräberreihen und ein Blick auf die Grabsteine oft auch erheitert. Man erkennt, in welche Worte Lob gefasst werden kann, wenn die Gelobten sie nicht mehr hören können. Oder vielleicht gerade deshalb.

Wenn Kardinäle applaudieren

Es war im Juni 1988. Papst Johannes Paul II. hatte soeben seinen zweiten Österreichbesuch beendet. Die letzte Station war Innsbruck gewesen, und da er mit einer Alitalia-Maschine gekommen war, reiste er in einem AUA-Flieger wieder ab. Eine Reihe von Kardinälen und Bischöfen kehrte mit dem Pontifex nach Rom zurück, und auch eine Gruppe österreichischer Journalisten war diesmal mit von der Partie; auch ich war darunter. Die Maschine der Austrian Airlines kurvte mit der Heiligkeit im vordersten Abteil noch drei Mal über die Tiroler Metropole, die sich mit Patscherkofel und Nordkette in ihrem schönsten Licht präsentierte, und nahm dann Kurs Richtung Süden.
In der Ewigen Stadt war für die Landung des Papstes ein Militärflugplatz vorgesehen. Und als der AUA-Pilot sanft aufsetzte, wurde – ich traute meinen Ohren nicht – heftig applaudiert. So wie es damals bei Charterflügen am Ende der Luftreise üblich war.
Nur: Es war kein richtiger Charterflug. Und die Passagiere, die klatschten, waren keine gewöhnlichen. Sie saßen in roten und violetten Talaren in der Economy-Klasse, die freilich für die klerikalen Gäste zur „Business" umgewandelt worden war, und freuten sich. Sie waren wieder zu Hause, der Flug war, gesteuert vom Chefpiloten der Gesellschaft, gut vorübergegangen, und Applaus konnte demnach als Lob gelten für die perfekte Landung.
Applaus im Flugzeug: Er ist nicht mehr üblich, nicht einmal mehr nach Billigflügen und gespendet von Chartergruppen. Das Fliegen ist längst auch in Europa zur Alltäg-

lichkeit geworden; anderswo war der Beifall nach der Landung nie gebräuchlich. Eigentlich schade. Er war Dank und vor allem auch Lob für die Betreuung und natürlich vor allem auch für die Besatzung im Cockpit. Für die in erster Linie. Man lobte gleichsam im Nachhinein Start, Flug und Landung – vor allem diese.

Vielleicht war es aber auch das Gefühl von Erleichterung, wieder festen Boden unter den Füßen zu haben, das sogar die Eminenzen und Exzellenzen applaudieren ließ. Ob Johannes Paul II. gleichfalls lobenden Beifall gespendet hat, weiß ich nicht. Ich könnte es mir vorstellen.

Beifall ist eben nicht nur Dankbarkeit, sondern auch Lob, und Lob ist gleichzeitig Beifall: „Das hast du gut gemacht!" Aber „beifallsträchtig" ist nicht nur gute Arbeit. Der Chef spendet dem Untergebenen, mit dessen Arbeit er zufrieden ist, nicht Beifall, sondern Lob (darüber, weil das Lob in der Chefetage so wichtig ist, ausführlich später). Aber Lob ist jedenfalls mit Beifall nicht gleichzusetzen, obgleich beides, wie gesagt, gleichwertig zu sein scheint.

Wenn freilich jemand beifällig nickt, wie es oft heißt, hat das nicht unbedingt mit Lob zu tun. Da ist Beifall kein Ausdruck des Lobens, nicht einmal der Zufriedenheit. „Beifällig" heißt, keinen Anlass zu Kritik zu finden. Merke den Unterschied in der deutschen Sprache: „beifällig" ist nicht „Beifall". Jenes ist gleichsam Zufriedenheit, dieses ist merkbarer, gelegentlich auch akustisch wahrnehmbarer Ausdruck derselben.

Beifall ist hörbares Lob. Er ist nicht zu verwechseln mit jener Zufriedenheit, die dann zuteil wird, wenn – ja, wenn man eben nichts auszubessern, nichts zu verbessern, nichts zu kritisieren hat. Wenn das Werk vollendet ist, ganz gleich nun, ob es sich nun um ein geistiges oder handwerkliches handelt. Beifällig wird akzeptiert, was nicht kritisiert zu werden braucht.

Der eigentliche Beifall ist etwas ganz anderes. Er ist ausdrucksstarkes Lob. Meist steht er im Gegensatz zur ausdrucksstarken Kritik. Darüber nachher. Bleiben wir vorerst bei jener menschlichen Regung, die sich in körperlichen Bewegungen ausdrücken lässt. Bleiben wir beim Applaus. Er ist der eindrucksvollste akustische Beweis des Lobs für eine Leistung. Applaudiert wird im Theater und im Konzert. Aber es wird auch im Parlament applaudiert.
Sogar in der Kirche. Früher war dies nur in südlichen Ländern, vorzugsweise in Italien, möglich. Ich habe zu Ostern 1950 während meiner Maturareise in Rom den Applaus erlebt, der dem damaligen Oberhaupt der katholischen Christenheit, Pius XII., gespendet wurde, als er im Petersdom auf der *Sedia Gestatoria*, dem Tragsessel (der heute nicht mehr verwendet wird), feierlich durch die Menge der Gläubigen eskortiert wurde. Beifall ist gleichsam positive Bilanz, und diese wieder darf mit einem Lob gleichgesetzt werden.
Heute wird auch bei uns in Kirchen applaudiert, wenn die heilige Handlung durch musikalische Darbietungen verbrämt wurde. Beifall ist ja, wie gesagt, der eindrucksvollste akustische Beweis des Lobs für eine Leistung. Als Leistung darf in diesem Fall jede Art von Darbietung verstanden werden. Lob sucht sich nicht seinen Schauplatz aus.
Auch Rhetorik kann eine Leistung sein. Wir wissen nicht, ob Cicero, dem größten Redner des alten Rom, im Senat Beifall gezollt wurde. Ob die Senatoren ihm applaudierten. In den Parlamenten aber ist solches gang und gäbe, und auch bei Volksversammlungen kommt es nicht selten zu Ausbrüchen von Beifall. Mitunter nennt man ihn „tosend", vor allem in jenen Medien, die dem Redner zur Seite stehen. Oft auch wird nachher berichtet, nach welchen Passagen und wie oft der Redner (oder weniger häufig: die Rednerin) durch Beifall unterbrochen wurde.

Das kann mitunter auch schiefgehen. Bis vor kurzem noch wurde unter Journalisten eine Begebenheit erzählt, die möglicherweise nicht wahr ist (wenngleich die Wahrscheinlichkeit eine große war), aber doch in Anbetracht der Zeit, in der sie geschehen sein soll, den Anspruch auf Wahrheitsgehalt hat. Da soll die Ankunft des NS-Reichsministers Josef Goebbels in Wien angekündigt worden sein, und den Zeitungen wurde vom Propagandaministerium gleich auch der Text seiner Rede übermittelt, komplett mit den entsprechenden, am richtigen Platz einzufügenden, obgleich im Voraus festgehaltenen, Beifallskundgebungen: „tosender Applaus".

Großes Pech: Der Goebbels-Besuch wurde im letzten Moment um einen Tag verschoben. Nur der diensthabende Redakteur einer großen Tageszeitung erfuhr nichts davon, weil es Übermittlungsschwierigkeiten gab. Er verließ sich auf die Vorausmeldungen, und da er es nicht für notwendig hielt, sich selbst in die Versammlungshalle zu begeben, ließ er drucken, was noch nicht stattgefunden hatte – vollständig und mit den Unterbrechungen durch den vermeintlichen tosenden Applaus.

Der Story tragikomisches Ende: Als Goebbels noch am Flugplatz die betreffende Zeitung in die Hand bekam, die seinen Rednererfolg, der noch nicht stattgefunden hatte, anschaulich schilderte, soll er zu den umstehenden Parteigenossen wütend gesagt haben: „Wo ist die Liste der verhafteten Schriftleiter?" Noch einmal: Ist's auch nicht wahr, so ist's doch gut erfunden. Aber es soll wahr gewesen sein.

Tosender Beifall. Gelegentlich sogar *Standing Ovations*. Eine Zufriedenheitsbezeugung, die es in Europa noch nicht lange gibt. Sie ist – wie auch ihre Bezeichnung – aus Amerika zu uns gekommen. *Standing Ovations*: Das ist das Hochgefühl des Beifalls. Auch des politischen. Wann immer ein ausländischer Staatsgast im amerikanischen Kongress eine protokollarisch vorgesehene Rede hält, wird er am Ende durch *Standing Ovations* belohnt. Bei den US-Präsidenten (sogar bei George W. Bush) ist das sogar die Regel gewesen. Die Senatoren und Abgeordneten erheben sich schon beim Eintritt des Geehrten und applaudieren.

In Europa sind solche *Standing Ovations* relativ selten. Allein, Ausnahmen bestätigen die Regel. Ich war dabei, als einem Preisträger nach der Zeremonie lebhaft applaudiert wurde. Als der Beifall zu lange dauerte, rüsteten sich einige Anwesende zum Gehen und erhoben sich. Die dahinter Sitzenden meinten, sie müssten Beifall spendend aufstehen, weil man offenbar eine *Standing Ovation* absolvieren sollte, und sie erhoben sich gleichfalls, ohne zu wissen, dass die anderen einfach den Raum verlassen wollten. Die Verbliebenen meinten, es sei Zeit für jene demonstrative Geste, die ihnen eigentlich nicht notwendig schien, und standen gleichfalls auf. Es kam schließlich zu einer rauschenden, wenngleich unbeabsichtigten *Standing Ovation*. Wie viele von diesen aus ähnlichen Gründen zustande kommen, soll hier nicht erörtert werden.

Wohl aber soll auf eine andere Art Ausdrucksform des Beifalls hingewiesen werden, die gleichfalls aus der neuen Welt kam und sich bei uns längst eingebürgert hat. Sie wird leider recht oft mit Missfallenskundgebungen verwechselt und ist doch einer der höchsten Grade des Beifalls und demnach des Lobs: das Pfeifen. Seinerzeit war es ein negatives Signal. Man wurde ausgepfiffen. Heute sind Pfiffe, so ungewöhnlich, ja paradox es klingen mag, oft Zeichen von Anerkennung. Es wird ja schließlich auch Damen nachgepfiffen, deren Äußeres beifällig zur Kenntnis genommen wird, auch wenn sie keine Damen sind.

Wobei ich bitte, die feine Unterscheidung des Beifalls zu

vermerken. Es gibt, wie gesagt, tosenden Applaus, der – merke die Steigerungsform! – unter Umständen als „nicht enden wollend" bezeichnet wird. Es gibt frenetischen Beifall, freilich auch zögernden. Und es gibt das, was boshafte Kritiker einen „enden wollenden Applaus" nennen. Er kommt knapp vor den Buh-Rufen.

Diese sind, wie wir wissen, der akustische Ausdruck des Missfallens. Buh-Rufe gab und gibt es schon lange, während die erwähnten neuartigen Formen des Beifalls aus der Zeit der Rockkonzerte stammen. „Ausgebuht" ist vor allem in der Theatersprache der Normalfall einer Inszenierung geworden, die nicht gefallen hat. Buh-Rufe sind die eindrucksvollste Manifestation negativer Erregung. Sie zeigen mitunter sogar den Zorn des Publikums an, das sich um sein Geld betrogen fühlt. Und sie mischen sich gelegentlich unter die „Bravo-Rufe".

Ich erlebte einen Chor von Buh-Rufen, als der Dirigent Karl Böhm, damals Direktor der Wiener Staatsoper, nach langer, vom Publikum nicht geschätzter Tournee-Abwesenheit erstmals wieder in Wien ans Pult trat. Wenig später räumte er seinen Direktionssessel, durch den Unwillen der Wiener vertrieben. Als er wiederkehrte, empfingen ihn Bravo-Rufe.

Buh-Rufe haben in der jüngsten Vergangenheit meist auch dem so genannten „Regietheater" gegolten. Immer wieder ist da eingetroffen, was als veritable Diskrepanz zwischen Kritik und Publikum vermerkt werden kann. Lob für den jeweiligen Regisseur gibt es, scheint mir, immer weniger. Da Werktreue offenbar ein Fremdwort geworden ist, erleben die Theaterbesucher kaum mehr Beifallsstürme, sondern recht oft deutliche Missfallenskundgebungen. Wenn sie sich unter den Applaus mischen, ergibt dies eine Kakophonie, die selbst von der immer wieder feststell- und hörbaren Claque nicht übertönt werden kann.

Lob für das Regietheater? Gewiss, es gibt auch noch von ihm sehr viel zu berichten. Und Bravo-Rufer findet man nicht nur bei Jungen, sondern sogar noch bei alten Theaterhasen. Bravo-Rufe sind die normale Form des steigernden Beifalls (und somit höheren Lobs). „Bravo" hat viele etymologische Facetten.

Es kann unter anderem auch einen Menschen bezeichnen, der zwar tapfer ist, aber sich oft neben das Gesetz stellt. Bravo: das kann „tapfer" heißen, auch tüchtig oder gut – so steht es im Langenscheidt. Aber die Bezeichnung, so wurde mir erläutert, betrifft zumeist einen Mann. Wenn eine Frau gemeint ist, müsste es eigentlich „brava" heißen. Sei's drum. Wir alle wissen, was gemeint ist – und sind doch aufgebracht, wenn ein einzelner Bravo-Rufer die sekundenlange Stille nach dem eindrucksvollen Ende der Symphonie unterbricht.

Wirklicher Beifall, der wirklichem Lob entspricht, hat, wie gesagt, viele Varianten. Es wird, zumal nach universitären Vorlesungen, getrampelt. Es wird auf Tische und Pulte geklopft. Es wird getrommelt. Und wenn gepfiffen wird, ist das eben auch als Beifall zu werten.

Beifall ist Lob, Lob zeigt sich im Beifall – das ist die Bilanz dieses Kapitels. Welche Bewandtnis es zusätzlich hat mit Kritik, Rezension und Ähnlichem, ist noch zu berichten. Ein Ausflug in die Politik, diesmal die totalitäre, ist freilich noch notwendig. In den glücklicherweise rar gewordenen kommunistischen Staaten ist eine Art der Beifallsbezeugung üblich, die überaus ungewöhnlich scheint. Auf der Tribüne von Applaus umrauscht, klatscht der (zwangsweise) Gelobte auch selbst, spendet sich also höchsteigenen Beifall. Und höchsteigenes Lob?

Es erinnert dies an die Spaliere jubelnder Menschen, wenn Diktatoren vorbeifahren. Da gedenke ich lieber der ersten Aufmärsche, die nach 1945 Tausende von Jugendlichen über die Wiener Ringstraße ziehen ließen. Es waren die ersten öffentlichen Manifestationen der bis dahin verboten gewesenen Katholischen Jugend. Auch diesmal hatte sich ein dichtes Spalier gebildet, aber es war ein freiwilliges. Es wurde gewunken und Bravo gerufen, und man hat dies sehr wohl auch als Lob verstehen können. Lob für eine Manifestation des Glaubens inmitten von Ruinen und vor einer ungewissen Zukunft.

Fräulein N. muss ich loben

Wo Lob ist, da ist auch Kritik nicht fern. Kritik aber ist ein überaus umfassender Begriff. Er schließt, so sonderbar es klingen mag, Lob mit ein. Denn Kritik ist in unserem Sprachgebrauch diesfalls Rezension. Ist also gleichsam Kontrolle, die von Menschen, denen die Aufgabe vom Publikum übertragen wurde, das Gute und das Schlechte zu unterscheiden, übernommen werden soll. Sie sollen loben und tadeln.

Kritik, wie ich es hier verstanden haben will, ist Kunstkritik. Dies wieder führt zur Frage: Welche Kunst ist gemeint? Jedenfalls die bildende und die darstellende. Heute würde man hinzufügen, auch jede Art von Performance. Kunstkritik bezieht sich auf Theater und Musik, auf Malerei und andere bildende Elemente. Aber vergessen wir nicht: Kritik ist nicht das, was man im Allgemeinen darunter versteht. Kritik ist nicht negativ zu interpretieren, sondern ambivalent. Noch einmal: Kunstkritik umfasst das Lob genauso wie den Tadel. Ich behaupte, dass es sogar eine Kunst des Tadelns gibt.

Aber bleiben wir vorerst bei einem Ausflug in das Walhalla der Kritiker. Es sind Namen, die heute vielfach vergessen sind und dennoch zu den Koryphäen des literarischen Feuilletons gehören, des – zugegeben – Feuilletons von einst. Das sind Otto Basil und Franz Molnar, Egon Friedell und Raoul Auernheimer, Friedrich Torberg und Oskar Maurus Fontana. Da sind in der Musikszene Richard Kralik und Max Graf. Da ist Eduard Hanslick gewesen, der Anton Bruckner nicht hold war. Als dieser während einer Audienz von Kaiser Franz Joseph gefragt wurde, welchen Wunsch er denn erfüllt haben wolle, soll er geantwortet haben: „Majestät, dass der Hanslick besser über mich schreibt!"

Noch einmal: Kritik ist Lob oder Tadel. Hierzulande ist es meist Lob. Der Tadel, häufig auch als „Verriss" bezeichnet, ist relativ selten. Freilich ist anzumerken, dass sich das Lob der Kritiker nicht unbedingt, ja verhältnismäßig selten mit dem Geschmack des Publikums deckt. Sei's drum: Die Kunst- und Kulturkritiken in den Feuilletons der Tageszeitungen gehören zu den unabhängigsten und daher glaubhaftesten Aspekten der Printmedien und teilweise auch der elektronischen.

Es gibt Ausnahmen. Ich erinnere mich an die Premiere der Komödie eines englischen Dramatikers, die schon vor der Pause vom Publikum lebhaftest akklamiert wurde. Vor dem zweiten Teil am Gang lustwandelnd, raunte eine renommierte Theaterkritikerin ihrem Begleiter zu: „Den Leuten gfallt's. Es kann nicht gut sein!" Das ist eine Seite des Problems Kritik. Das Publikum lobt, also muss die Kritik tadeln – oder nicht? Das Problem der geschmacklichen Unterschiede ist noch nicht eingehend untersucht worden. Den Leuten gfallt's, also muss es schlecht sein. Den Leuten gfallt's nicht, also muss es gut sein. Solches ist vor allem auch auf dem Gebiet der Musikkritik zu hören und zu lesen. Es ist interessant, dass die vielzitierten Buhrufe des Publikums ausschließlich der „Performance" von Akteuren und etwa im Opernbetrieb der Regie gelten. Die Musik, auch wenn sie von Geräuschen nicht zu unterscheiden ist, wird nie ausgebuht. Im Gegenteil, sie wird, wenngleich in verschiedenen Lautstärken, akklamiert.

Die Ursache liegt auf der Hand. Sich des Lobs oder jedenfalls der Zustimmung zu enthalten, deutet meist auf Verständnislosigkeit hin. Wer nicht als ewig Gestriger gelten will, weil er die Wiener Klassik schätzt, muss beweisen,

dass er auf der Höhe der Zeit ist und deshalb auch jenen Komponisten applaudiert, die zu verstehen glauben, was „Zeitton" bedeutet. Nämlich Töne, die der Zeit entsprechen. Dass da die Zeit offenbar danach ausschaut und die Töne ihr entsprechen, soll hier nicht diskutiert werden.
Egon Friedell, der erwähnte Literat und Kritiker von Gnaden, hat als Theaterrezensent nicht nur Literatur geschaffen. In einem Essay mit dem Titel: *Wozu noch Theaterkritik?* schrieb er sich von der Seele, was man nur dann als Frust bezeichnet, wenn man das Wesen dieses 1938 auf tragische Weise ums Leben gekommenen literarischen Genies nicht erfassen kann. Friedell, auch als Satiriker berühmt, formulierte: „Es wird irgendein ganz belangloses Stück ganz belanglos aufgeführt. Aber in diesem Stück spielt ein, sagen wir, Herr Fischer, den man für etwas ganz Außergewöhnliches hält. Sogleich setzt man sich hin und schreibt ein ‚Referat', im dem man höchst anschaulich schildert, wie schlecht das Stück und wie hervorragend gerade darum der Schauspieler war. Freudestrahlend bringt man es dem Nachtredakteur, jedoch dieser, in dem sein Beruf eine vorwiegend düstere Weltanschauung, aber klare Prinzipien gezeitigt hat, sagt entsetzt: ‚Was? Ein Nachtreferat von hundertachtundzwanzig Zeilen? Sind Sie von Sinnen? Seit die Sonnensysteme kreisen, hat noch nie ein Nachtreferat hundertachtundzwanzig Zeilen gehabt! In einem Nachtreferat darf nur das Wesentlichste stehen, der Sukkus, der Extrakt. Einem Denker wie Ihnen kann das doch unmöglich schwer fallen.' Und so setzt sich der Denker hin und schreibt den Extrakt: ‚Müdes Obst, Sittengemälde in vier Akten, fand gestern freundlichste Aufnahme. Die Herren Fischer, Krones und Lunzer gaben ihr Bestes und spielten ihren Part dem Publikum recht zu Dank.'"
Das Lob der Kulturkritik ist in der Tat gelegentlich ein zweideutiges. Ich halte es dennoch für einen jener Bereiche

der Medien, denen die Bezeichnung „unabhängig" am ehesten zukommt. Mit Einschränkungen, versteht sich.

Denn es gibt auch erzwungenes Lob. Das kann witzig sein oder ironisch, gelegentlich auch hintergründig. Da ist beispielsweise – es war vor dem Ersten Weltkrieg – ein Kulturkritiker, der sich auf einen Opernabend vorbereitete, von seinem Chefredakteur in dessen Zimmer geholt worden, und hinter verschlossener Tür wurde dem Rezensenten so etwas wie ein unmoralisches Angebot gemacht. Jene Sängerin, die am Abend die Hauptrolle singen würde, sei (und der Chef begann zu flüstern) seine Freundin. Er hoffe demnach, dass die Kritik doch wohl eine sehr gute sein werde. In der Tat, sie war es dann, aber möglicherweise nicht so, wie es sich der Chefredakteur vorgestellt hatte. Sein Redakteur schrieb nämlich: „Die Hauptpartie sang Fräulein N. Ich muss sie loben." Man merke die Zweideutigkeit: „Müssen" als eigener Antrieb oder „müssen" als Befehl? Wir wissen, was der Kritiker gemeint hat. Ob er seinen Posten behielt, weiß die Überlieferung nicht zu berichten. Seine mit Witz gepaarte Courage freilich sollte gelobt werden.

Ähnliches ist zu vermelden, wenn es darum geht, kulturelle Ereignisse zu kritisieren, die von irgendeiner Institution, Organisation oder Stelle gesponsert werden. Kann sich das jeweilige Medium da einen „Verriss" leisten? Hat die Pressefreiheit nicht auch in diesem Fall, hat die Unabhängigkeit dort nicht doch ihre Grenzen? Schauen wir uns den Begriff „Verriss" zum Unterschied von dem des Lobs einmal an. Wie schon aus dem Wort „Kunstgenuss" hervorgeht, wird in der Kulturkritik häufiger gelobt als getadelt. Es mag sein, dass – siehe Friedell – die Zeitungen dem Lob für künstlerische Ereignisse mehr Raum zu geben bereit sind, als dem Tadel. Vielleicht deswegen, weil es ihnen geraten scheint, nichtswürdige Ereignisse als nicht eines Berichts würdig zu betrachten.

Das führt dazu, dass ein Stück, ein Konzert, eine Aufführung, relativ selten in Grund und Boden „verrissen", dass sie „vernichtet" werden. Es ist nicht die Milde der Rezensenten, die solches bewirkt. Es ist vielmehr die Scheu, jemandem Schmerz zuzufügen. In gewisser Hinsicht sind die Rezensenten keusch. Es liegt ihnen nicht, Kunst zu entblättern. In der europäischen Medienwelt ist, was die Kunst betrifft, Lob, wie gesagt, viel häufiger zu finden als Tadel. Noch einmal: Man verschweigt lieber, was man eigentlich negativ kritisieren sollte. Und man jubelt, wo es doch geratener wäre, am Boden zu bleiben.

Die Gründe dafür sind mannigfach. Einer ist offenbar, dass die Kulturkritiker ihre Aufgabe, für das Publikum zu agieren und diesem mit Rat beizustehen, oft missachten und nur den Kollegen der Konkurrenz ihr Wissen zeigen wollen. Sie möchten, diesen Eindruck gewinnt man bei der Lektüre etwa von Theaterkritiken, eher dem anderen ihre Klugheit beweisen als dem Publikum einen Hinweis geben. Man kann es auch brutaler ausdrücken: Bei vielen Kritiken schreibt ein Gscheiterl für das andere Gscheiterl, und der Konsument bleibt auf der Strecke. Merke: Theaterkritiken sollten, vor allem, wenn es sich um neue Stücke handelt, auf den Inhalt zumindest ebenso ausführlich eingehen wie auf das „angelesene" Lebenswerk, die Philosophie und die geistige Umwelt des Autors. Worum es in dem Stück geht und wovon es handelt, ist zumindest ebenso wichtig wie die Frage, ob sein Inhalt politisch korrekt ist.

Kunstkritik dient, könnte man meinen, in den deutschsprachigen Ländern mehr dazu, die Bildung und den Wissensstand des Rezensenten zu beweisen, als zu schildern, worum es geht. Das Einmaleins der Kunstkritik sollte, so betrachtet, eher dazu führen, Lob zu begründen, sofern es opportun ist, als das eigene Wissen ausführlich zu erörtern. Auch in diesem Fall besteht das Wesen der Kritik darin, die

Kunst des Lobens (und auch des Tadelns) verständlich auszuüben.

Ich könnte bei dieser Gelegenheit etliche Sprüche vorweisen, die, wie mir scheint, den Nagel auf den Kopf treffen. Da schrieb etwa François de La Rochefoucauld, es sei „das Zeichen einer außerordentlichen Leistung, dass selbst die größten Neider sie loben müssen". Ähnlich Lessing in seiner *Emilia Galotti*: Man lobe „den Künstler dann erst recht, wenn man über sein Werk sein Lob vergisst". Am deutlichsten, einprägsamsten und richtigsten äußerte sich Sergej Rachmaninow: „Ein Künstler braucht nur drei Dinge: Lob und Lob und Lob."

Wobei ein alter Merksatz ins Gegenteil verkehrt werden muss. *Qui tacet, consentire videtur*, wer schweigt, scheint zuzustimmen. Weit gefehlt! In den meisten Fällen von Rezension und Kritik stimmt das nicht. Ich glaube, dass es viel zu viele positive und, pardon, zu wenig negative Kritiken gibt. Es ist bei mir gewiss eine *Déformation professionelle*, wenn ich auch hier wieder behaupte: Auch Kritiker sollen in erster Linie informieren und erst in zweiter ihre Klugheit darstellen.

Es gibt Beispiele, sehr gute sogar. Es gibt Exempel, die eindrucksvoll beweisen, dass Rezensenten ihre Aufgabe der Information bitter ernst nehmen. So wie in den Gourmetführern gelegentlich „ist eine Reise wert" als Qualifikation zu lesen steht (siehe auch unter „Hat's geschmeckt?"), haben vor allem die Fernsehmagazine Sterne oder Punkte, mit denen sie die Qualität eines Beitrags oder Films qualifizieren. Das, was gelegentlich als Trash klassifiziert wird und nicht einmal einen Punkt oder Stern erhalten sollte, ist überaus selten bis nie zu finden. Gibt es so wenig Trash, so wenig Schmarrn? Oder befleißigen sich die Profis unter den Rezensenten einer allzu großen Zurückhaltung?

In der darstellenden Kunst, im Theater zumal, aber auch in Film und Fernsehen gibt es ein Übermaß an Lob. Dieses festzustellen, mag in einem Buch über das Lob des Lobens sonderbar sein, vielleicht sogar skurril. Wo bleibt die Informationspflicht? Da lobe ich mir eine Filmkritik, die ich vor geraumer Zeit in der *Furche*, der geistvollen Wochenzeitung, las. Es ging um einen Film, dessen Titel hier schamvoll verschwiegen werden soll, ebenso wie jener des Hauptdarstellers, von dem der Kritiker schrieb: „Jede seiner Gemütslagen klingt stimmlich gleich und er beherrscht nur drei verschiedene Gesichtsausdrücke. Doch sein bescheidenes Talent reicht völlig aus."
Und dann kam als Resumee das Gegenteil einer Apotheose: „Einer der ärgerlichsten und schlechtesten Filme aller Zeiten." Das sitzt. Ich will nicht sagen, dass die Offenheit eines solchen Urteils beispielgebend sein muss. Aber immerhin ist es Offenheit, und die ist erfreulich. Der Rezensent hat seine Informationspflicht im vollsten Sinn wahrgenommen. Und auch wenn er sich mit der Verleihfirma deshalb überworfen hat, bin ich ihm dankbar – und auch allen seinen Kolleginnen und Kollegen, die nach ähnlichem Muster vorgehen.
Man könnte natürlich fragen, ob es nicht klüger wäre, zu schweigen anstatt zu „verreißen". Aber da kommt wieder die Informationspflicht ins Spiel. Vor diesem Film, wollte der Kritiker sagen, wird gewarnt. Die Rezension bezieht sich auch auf Gefahrenmomente, kann also gleichsam als Warntafel verstanden werden. Schweigen bedeutet Zustimmung? Verriss bedeutet Information.
Was natürlich auch für die Buchkritik gilt. Gotthold Ephraim Lessing hat diesbezüglich einen Aphorismus zu Papier gebracht, der gleichsam Ewigkeitsgültigkeit besitzt: „Wer will nicht einen Klopstock loben? Doch wird ihn jeder lesen? Nein. Wir wollen weniger erhoben und mehr

gelesen sein." Ich darf Lessing in aller gebotenen Ehrfurcht korrigieren. Gewiss wurde Klopstock gelobt. Aber wenn Lessing vom „wir" schrieb, meinte er das, was man die „deutschen Klassiker" nennt. Vielleicht hätte er ergänzen müssen: Die anderen, die schlechten, sollen weder gelobt noch gelesen werden.

Dazu ist, auch wenn es um ein Lob des Lobens geht, nichts hinzuzufügen.

Darf man nach dem Essen lügen?

Wer immer irgendwann einmal in einem Restaurant (es kann auch ein einfaches Wirtshaus gewesen sein) gegessen hat, kennt die stereotype Frage, die spätestens beim Zahlen gestellt wird: „Hat's geschmeckt?" Es ist eine internationale Floskel, und auf die Frage wird selbstverständlich eine bejahende Antwort erwartet. Ja, sehr gut! Oder: Es war ganz exquisit, köstlich, ohne Tadel!
Das „Hat's geschmeckt?" hat auch seine internationalen Facetten. „Did you enjoy your meal?", wird der Gast in Amerika gefragt. In Frankreich, in Spanien, in Italien ist die Erkundigung der jeweiligen Landessprache gemäß ähnlich, kommt aber aufs selbe hinaus: Der Kellner, die Kellnerin, der Wirt, die Wirtin wollen wissen, ob das Mahl gemundet hat. Es ist, meint man, eine Frage, die zur verbalen Grundausstattung des Servierpersonals gehört. Und dieses kann sicher sein, dass die Antwort keine negative sein wird. Meist jedenfalls. Auch hier ist allenfalls die Kunst des Tadelns gefragt.
„Hat's geschmeckt?" Wehe, du wagst es, nein zu sagen. Aber so weit kommt es gar nicht. Wer traut sich schon, seiner Enttäuschung über das Essen Ausdruck zu geben? „Hat's geschmeckt?" Nur „ja" zu sagen, genügt nicht. Ein Wort des Lobs muss folgen, manchmal sind es auch ganze Wortkaskaden.
Noch einmal: Auf die Frage, ob man zufrieden war, mit einer einfachen Verneinung zu antworten, ist ein Wagnis, das kein Gast einzugehen bereit ist. Warum eigentlich? Warum wird ein Lob gleichsam zur Lüge, weil nicht

gedacht ist, was gesagt wird? Was in anderen Fällen – in diesem Buch wird von ihnen berichtet – selbstverständlich ist, dass nämlich ein Lob jedenfalls halbwegs „stimmig" sein soll, wird im Gasthaus nicht beachtet. Man lügt, auch wenn man das Essen am liebsten zurückgeschickt hätte. Allenfalls schwingt im Kommentar ein leiser, aber nur sehr leiser Tadel mit: Das Steak war ein bisserl resch! In Wirklichkeit war es beinhart. Oder: Der Fisch hätte eine Spur weniger Gräten haben können. Mehr ist nicht drin. Akzentuierter ist der Tadel, wenn man ihn denn einen solchen nennen kann, nicht zu vernehmen.

In der Tat ist jede Art von Gastrokritik (und auch die Antwort auf die Frage: „Hat's geschmeckt?" ist eigentlich nichts anderes) ein Wandeln auf dem haarscharfen Grat zwischen Lob und Lüge. Vorerst aber lassen Sie mich die Problematik des Lobs erörtern, das von Gästen verlangt wird, die einer privaten Einladung gefolgt sind. Jedem ist dies schon einmal passiert, jeder hat es irgendwann einmal erdulden müssen, und jeder hat sich dann die Frage gestellt: Was soll ich tun? Die Spaghetti waren nicht al dente, der Fisch eine Spur zu trocken, das Fleisch zäh. Es erinnert dies an die Anekdote vom Gast, dem das „Hat's geschmeckt?", von der Gastgeberin in wahrscheinlich anderen Worten gestellt, gleichsam an den Kopf geworfen wird, und der es wagt, sich folgendermaßen zu äußern: „Wenn die Suppe so warm gewesen wäre wie der Wein, und der Wein so alt wie die Gans, und die Gans so fett wie die Hausfrau, wäre es ein exzellentes Essen gewesen."

Das ist, wie gesagt, ein Scherz. Kritik dieser Art ist bestenfalls als Witz zu akzeptieren. Das Lob hat jeden Tadel zum Schweigen zu bringen. Selbst wenn die Dame des Hauses verschämt bekennt, dass der Braten vielleicht doch ein wenig zu hart gewesen sei, ist es geboten, zu sagen: „Aber keine Spur! Er war gerade recht." Merke: Wenn du partout

nicht lügen, aber auch nicht die volle Wahrheit sagen willst, gibt es gleichsam ein „mittleres Vokabel". Der Braten sei „vielleicht ein bisserl resch, aber sehr gut".
Und was den Wein betrifft – nun, da scheint es ratsam, ihn zu loben, auch wenn er sauer ist, und am Ende auch noch „stoppelt". Man kann sich dadurch aus der Affäre ziehen, dass man eine andere Qualität des Getränks lobt. „Gut gekühlt!", sagte einmal eine Dame auf die Frage, ob ihr die Weinmarke munde. Sie wollte partout wenigstens ein leises Wort des Lobs aussprechen.
Ansonsten freilich ist das Schweigen die beste Art, eine Lüge beim Qualitätsurteil zu umschiffen. Auch in diesem Fall ist das alte Sprichwort ausnahmsweise nicht richtig, das da behauptet, Schweigen bedeute Zustimmung. Nein und abermals nein; auch in diesen Fällen. Es ist ratsam, sich bei der Beurteilung einer Speise (vor allem dann, wenn man privat geladen ist) dadurch aus der Affäre zu ziehen, dass man still ist. Sonst wäre das Lob zur Unwahrheit geworden. Doch wie heißt es beim Dichter? Im Deutschen lügt man, wenn man höflich ist. Stimmt nicht. Darf jedenfalls nicht stimmen.
So kam es also, dass ich, in einem arabischen Land beim österreichischen Botschafter geladen, beim ersten Bissen der als Dessert gereichten Kuchen merkte, dass diese mit Hammelfett zubereitet waren – und nichts kann ich weniger goutieren als Hammelfett. Was also tun? In einem unbeobachteten Augenblick nahm ich mein Taschentuch und ließ die ungeliebten Kekse verschwinden.
Das Resultat freilich war nicht das erwünschte. Der servierende Hausdiener merkte freudig, dass dem Gast die Mehlspeis' samt dem Hammelfett offenbar so gemundet hatte, dass der Teller leer gegessen war, und schaffte sofort Nachschub auf den Tisch. Ich aber wollte – siehe oben – nicht lügen und meinte, es habe zwar gut geschmeckt (die obli-

gate Frage hätte ich, da sie arabisch gestellt worden wäre, nicht verstanden), aber ich hätte genug gespeist.

Andere Länder, andere Sitten? Jedem nach seinem Geschmack, heißt es. In der *Fledermaus* singt Prinz Orlovsky: „S'ist halt bei uns so Sitte: chacun à son goût." Und über Geschmack, nicht wahr, lässt sich nicht streiten. Ein Affenhirn und Ziegenaugen, sogar gebratene Heuschrecken sind nicht jedermanns Sache. Womit wir wieder beim Thema Gastrokritik sind, und zwar bei der professionellen. Da ist einmal das Lob, das den so genannten Starköchen (warum gibt es eigentlich so wenige Starköchinnen?) gespendet wird. Wage niemand, in dieses Lob nicht mit einzustimmen, und vor allem dann nicht, wenn besagter Starkoch in einem Spitzenrestaurant den Kochlöffel schwingt. Da darfst du nur ehrfürchtig essen. Die Frage „Hat's geschmeckt?" wird in solchen Etablissements nicht oder höchstens verklausuliert gestellt. Unzufriedenheit wäre keinesfalls am Platz, höchstes Lob gerade richtig.

Freilich, Ausnahmen bestätigen auch hier die Regel, und ich bin stolz darauf, einmal eine solche Ausnahme gewesen zu sein. Ich bekam in einem Wiener Spitzenrestaurant ein Bodensee-Felchen vorgesetzt, das aus nichts als aus Gräten bestand. Ich habe es der Küche retournieren lassen, worauf die Kellner einen Krisengipfel einberiefen und der Chefkoch, ein überaus renommierter, schließlich zu Hilfe kam. Mit grimmiger Miene sagte er, er werde mir eine neue Hauptspeise bringen lassen. Was es war, weiß ich nicht mehr.

Ich weiß aber, dass ich mich auf das allfällige Lob allfälliger Gastrokritiker in den diversen Tageszeitungen und Magazinen prinzipiell nicht verlasse, weil ich diesbezüglich schon oft enttäuscht wurde. Vor allem dann, wenn man (ich bitte die Wortprägung zu entschuldigen) einer Restaurantkritik „nachgegessen" hat. Soll heißen: wenn eine Küche, die von einem Profiprüfer mit Lob überhäuft wurde, ein paar Wochen später von mir, einem ganz normalen Esser, aufgrund der so lobenden Beschreibung ausprobiert wurde. Kaum jemals ist es vorgekommen, dass ich das gleiche Urteil fällen durfte wie der Gastrokritiker.

Meist war ich enttäuscht, und ich habe mir dies auch erklärt. Erstens: In der Tat lässt sich über Geschmäcker nicht streiten, und das gilt vor allem für den Gaumen. Zweitens aber gehe ich wahrscheinlich nicht fehl in der Annahme, dass die „Professionals", die den Lokalbesitzern ja ganz gewiss bekannt sind, entsprechend behandelt und vielleicht sogar entsprechend „bekocht" werden. Nicht allzu oft, aber doch gelegentlich kommt es vor, dass die Kritik wörtlich genommen wird und einzelne Speisen getadelt werden. Im Allgemeinen aber überwiegt das Lob – vor allem dann, wenn in Gastro-Guides auch Inserate platziert sind. Ich wage zu behaupten, dass ein solches Lob an Desinformation gemahnt. Es gibt ja auch gekaufte positive Kritik.

Es gibt Leute, von denen man sicher ist, dass sie wissen, was sie schreiben – es gibt Leute, vor allem in den Printmedien, die es wagen, auf allfällige „Verhaberung" hinzuweisen. Es sei, meinte etwa Gudrun Harrer im Branchenmagazin *Der österreichische Journalist*, etwas typisch Österreichisches. Und präziser: Man merke es bisweilen im Gastrojournalismus. Hier gäbe es Cliquen, „die Köche und Restaurantbesitzer, aber auch Winzer mit einschließen. In der Szene weiß man ziemlich genau, wer was mit wem ... Einzelgänger gibt es nur wenige. Aufgrund der strukturellen Unterschiede ist weiter westlich, wo meist eine lokale Tageszeitung dominiert, der Einfluss von einzelnen, lokalen Gastroschreibern jedoch größer als im Osten. In Wien lesen die Leute im Normalfall eine von mehreren Zeitungen".

Allerdings: Der Vorwurf, es werde von den Gastrojournalisten gelobt, weil sie „wenn auch nicht korrupt, so doch korrumpiert" seien, ist nach Meinung Frau Harrers „völliger Unsinn". Gewiss, sie sind bekannt bei Gastwirten und Winzern, diese journalistischen Experten, die, wie einer von ihnen behauptet, informieren und nicht bewerten wollen. Das ist richtig. Aber lässt sich das eine von dem anderen trennen? Nicht mitzuessen, mitzuloben bin ich da – es sei gestattet, den Ausspruch einer antiken Frauenfigur zwecksentsprechend zu ändern. In der Tat sind die Gastrokritiker (interessant, dass es hier kaum weibliche gibt) bekannt.

Sie werden, da man sie kennt, hofiert – auch wenn sie das nicht zugeben. Vor allem die jüngeren freuen sich ihres Bekanntheitsgrads. Dass man ihnen serviert, was andere Gäste in dieser Exklusivität und Güte vielleicht nicht vorgesetzt bekommen – wer wagt es, da von Korruption zu reden? Immerhin, so Gudrun Harrer, geht es auch um „beinharte Wirtschaftsinteressen". Auch bei der Gastrokritik? Banken stünden oft hinter den Betrieben, „die wohl auch den in den Guides besprochenen (gelobten) Restaurants Geld stecken haben. Restaurantbesitzer machen Restaurantführer. Ein schönes hermetisches System".

Ich habe daher mit all den Sternen, Hauben und Gabeln meine Probleme. Vielleicht auch mit dem „Nachessen". Das kann schiefgehen. Oft folgt eine Enttäuschung. In einem der bestqualifizierten Lokale Wiens hat das Huhn nach Fisch geschmeckt. Warum? Weil die „Haube" vorher ein Fischgericht abgedeckt hatte und nicht entsprechend gereinigt wurde. In einem anderen im Burgenland war die Bedienung unter aller Kritik. Ich habe es mir daher angewöhnt, in den Gaststätten, wenn es sich ergibt, auch das Service ausdrücklich zu loben – was in allen Fällen immer freudig zur Kenntnis genommen wurde.

Die Gastro-Kolumnen in den Printmedien haben in den letzten Jahren zugenommen. Es wird gesagt, dass die Menschen (was jedenfalls vor der internationalen Finanzkrise zu beobachten war und offenbar noch immer gilt) immer häufiger „auswärts essen", weil sie die Mühe scheuen, selbst etwas auf den Tisch zu stellen. Dies scheint mir verkehrt proportional zu sein mit der Aufwändigkeit, in der die privaten Küchen ausgestattet sind. So betrachtet ist allein die Aufnahme eines Lokals in einen der Gastroführer bereits als Lob zu werten. So betrachtet andererseits bedeuten die Sterne und Hauben nicht, dass nicht auch andere, selbst in einfachsten Gaststätten, des Lobs würdig sind.

Im Gegenteil: Was ich in den Gastrokritiken der Profis zumeist vermisse, ist eine Bewertung des Preis-Leistungs-Verhältnisses. Daher mein Appell an meine Leserinnen und Leser: Wagt es, „nein" zu sagen, wenn ihr gefragt werdet „Hat's geschmeckt?" Mag sein, dass Sie eine Notlüge besser finden als einen allfälligen Affront. Allein, was wiegt, das hat's. Und Lob wiegt in diesen Fällen besonders schwer. Es trägt dazu bei zu bessern, was zu verbessern ist. Küche und Köche, Gastrokritiker und Restaurantführer können davon profitieren. Und wir auch, die wir liebend gern auf die Frage „Hat's geschmeckt?" antworten würden: Ja, sehr! Und dabei gar nicht lügen.

Was kann der Sigismund dafür?

Er ist schön, der Sigismund. Daher ist er in sich selbst verliebt. Und er singt es auch lauthals: „Was kann der Sigismund dafür, dass er so schön ist?". Ein so genannter Ohrwurm aus Ralph Benatzkys Operette *Im weißen Rössel*, der Nobelherberge am Wolfgangsee. Er ist zwar eine Nebenfigur, dieser Sigismund, aber sein Lied ist dennoch eines der bekanntesten des Spiels.

Dieser Operetten-Sigismund ist, könnte man sagen, fast ein klinischer Fall eines Eigenlobs. „Was kann der Sigismund dafür, dass er so schön ist? Was kann der Sigismund dafür, dass man ihn liebt? Die Leute tun, als ob die Schönheit ein Vergehn' ist. Sie sollten froh sein, dass es so was Schönes gibt!" Verliebt sein in sich selbst, das ist es. Oder auch: Eigenlob. Ist es gestattet? Darf man sich selbst loben?

In der Antike durfte man es nicht. Die alten Römer, die alten Griechen hielten sich, wenn sie über einen Mitmenschen Gutes verkündeten, streng an das, was ein heutiger Rhetorikexperte das „Jahrtausende alte abendländische Eigenlobverbot" nennt. Schlag aber nach schon bei dem Griechen Plutarch! *Wie man ohne anzustoßen sich selbst loben kann* – titelte er einmal. Er bezog sich freilich auf öffentliche Lobreden.

Aber man könnte meinen, dass diese Ausnahme auch auf Bewerbungsschreiben zutrifft. Tabuisierung des Eigenlobs gut und recht. Aber was ist eine Stellenbewerbung wert, wenn sie nicht auch das Können des Bewerbers entsprechend würdigt?

Eigenlob stinkt, hat man uns als Kinder eingebläut. Lass dich loben, aber nur von den anderen. Lobe dich nicht selbst. Das ist ungehörig. Und das tut man nicht. Noch einmal: Seit Jahrhunderten, ja Jahrtausenden ist dies bekannt, von alters her weiß man, dass Selbstlob geradezu sittenwidrig ist. Ich zitiere aus der einschlägigen Dissertation von Alexandra Zimmermann: „,Wie man ohne anzustoßen sich selbst loben kann' hat Plutarch das siebte Buch seiner Moralia überschrieben. In einer überaus subtilen Kasuistik erläutert er, wann das Eigenlob möglich sei, ohne dabei auf ‚anstößige' Weise die Gefühle der Zuhörer zu verletzen: Nur um das für weitere gute Taten nötige allgemeine Vertrauen zu gewinnen, sei es dem Staatsmann erlaubt, sich selbst rühmend – aber immer der Wahrheit entsprechend! – darzustellen.

Selbstlob sei weiterhin nicht anstößig, wenn der Sprecher seinen guten Namen verteidige oder auf ungerechte Anklage antworte, wenn er auf indirekte Art und Weise zu beweisen suche, daß das Gegenteil von dem, was er tatsächlich getan habe, viel schändlicher gewesen wäre. Durch Vermischung des Selbstlobs mit dem Lob des Publikums könne Anstößigkeit vermieden werden, ebenso wenn der Sprecher einen anderen mit ähnlichem Charakter, ähnlichen Zielen und Verdiensten lobe. Dadurch könnten die Hörer besänftigt und die Aufmerksamkeit auf den Sprecher selbst gelenkt werden. Soweit Plutarch als früher Zeuge (1. Jahrhundert nach Christus) einer Bewußtseinssensibilisierung gegenüber der Anstößigkeit des Selbstlobs."

Und doch ist Eigenlob eine ganz natürliche Sache. Als es in Wien noch Freistilringen unter freiem Himmel gab, wiesen die Recken vor dem Kampf ihre Muskeln vor und ließen erkennen, dass ihr Bizeps fürwahr in der Lage sei, den Gegner (wenngleich im Freistil, soll heißen, gleichsam nur als Show) zu zerschmettern. Das Publikum pfiff und johlte vor Begeisterung über eine solche Demonstration der Stärke. „Ich bin ich!" sollte sie heißen. Niemand kann mir das Wasser reichen, höchstens dem Gegner das Glas, wenn ich ihn niedergeschlagen habe.

„Mir geht nichts über mich" war eine Devise in der Zeit der französischen Aufklärung. In der Ich-Gesellschaft ist das Eigenlob fast allgegenwärtig und manifestiert sich in den verschiedensten Facetten. Atavistisch? Die Gorillas tun, was schon bei den Hominiden Brauch gewesen sein dürfte. Um zu zeigen, wer die Herde, die Gruppe beherrscht, wer gleichsam das Alphatier ist, trommeln sie auf die Brust. Ich bin stark! Ich bin stärker! Ich bin der Stärkste!

Sich selbst zu bewundern, was dem Eigenlob gleich kommt, ist eine Regung, von der sich viele Menschen nicht freimachen können oder wollen. In der griechischen Mythologie, der klügsten und zugleich menschlichsten der Sagengeschichte, ist Narkissos (gemeinhin „Narziss" genannt) das Urbild des Menschen, der in sein Eigenlob verstrickt ist. Bei Robert von Ranke-Graves liest man, welche Bewandtnis es mit ihm hatte. Er war der Sohn der Nymphe Leiriope, und als diese den Seher Teiresias fragte, was aus dem Kind werden sollte, erhielt sie zur Antwort: „Narkissos wird sehr alt werden, aber nur, wenn er sich niemals selber kennt."

Narkissos aber kannte sich nicht nur selbst, er war in sein eigenes Bild verliebt. Er war stolz auf seine eigene Schönheit. Er war gleichsam der Sigismund der Mythologie. Die Nymphe Echo verliebte sich in ihn, er stieß sie zurück. Auf der Jagd rief er in den Wald, und so wie er rief, kam es zurück: „Die beiden konnten zueinander nicht kommen, kommen, kommen, weil Echo immer nur wiederholte, was ihr Narkissos zurief."

Am Ende erbarmte sich Artemis, die Göttin der Jagd, der armen Verschmähten und mordete den Jüngling auf eine besonders skurrile Weise. Mangels eines anderen Geräts betrachtete Narkissos sein schönes Gesicht immer wieder im Spiegel des Wassers. Er konnte sein Antlitz anders nicht sehen und erlag doch dessen Schönheit. Vor Verzweiflung, weil es immer verschwand, wenn das Wasser Wellen warf, stieß er sich am Ende den Dolch in die Brust. Echo aber konnte dies nicht ertragen. Sie wurde immer zarter. „Nimmer ruhender Kummer verzehrt den kläglichen Leib und ganz verschrumpft ihr die Haut, die Säfte des Körpers entwichen all in die Lüfte. Nur Laut und Gebeine sind übrig. Die Stimme bleibt ihr tönend erhalten. Das Gebein wird in Steine verwandelt." So schrieb vor Tausenden von Jahren der Dichter. Nur ihre Stimme blieb übrig – das Echo.

Selbstliebe und Eigenlob auf diese Weise bestraft, wie es dem Narkissos geschah? Immerhin hat er als Narziss einer der schönsten Blumen, die wir kennen, seinen Namen gegeben. Aber soll uns die Narzisse wirklich ermahnen, nicht der Eigenliebe und dem Selbstlob zu erliegen? Ich bitte Sie, zu bedenken, was dann mit all den Bewerbungen geschehen würde, die in den Personalabteilungen von Firmen, Institutionen und Industriebetrieben studiert werden. Bewerbung ist Eigenlob, sie kommt ohne ein solches nicht aus.

Und da ist es vor allem das Vorstellungsgespräch, das entscheidend ist und im Grunde nichts anderes (oder fast nichts anderes) enthält, als eine Art von Eigenlob. Die Frage: „Wer bin ich?" muss demnach immer wieder positiv und lobend beantwortet werden: „Ich bin geeignet!" Und warum? Warum sollten wir gerade Sie einstellen? Wie man diesen Erkundigungen begegnet – darüber gibt es Dutzende von Fibeln, Handbüchern, Einführungen.

Das fängt natürlich mit dem Lebenslauf an. Man möge, erläutern die Ratgeber, seinen Werdegang branchenbedingt möglichst positiv darstellen. Und man möge, wie ich einer solchen Fibel entnehme, die eigenen Stärken in einem Bewerbungsschreiben möglichst „ohne Worthülsen" bekannt geben. Also etwa: „Wie Sie meinem Lebenslauf entnehmen, habe ich mich immer aus eigenem Antrieb weitergebildet". Oder auch: „... konnte ich oft unter Beweis stellen, dass ich auch unter Stress effizient arbeite".

Dem Eigenlob sind in solchen Fällen verständlicherweise keine Grenzen gesetzt: „Unternehmerisch und kostenbewusst zu denken, ist mir dabei zur Selbstverständlichkeit geworden", könnte es beispielsweise in einem Bewerbungsschreiben heißen.

Aber entscheidend ist, wenn es dazu überhaupt kommt, das Vorstellungsgespräch. Das „Institut für Berufsstrategie" in Berlin hat im Eichborn Verlag ein Handbuch *Das erfolgreiche Vorstellungsgespräch* veröffentlicht, dessen Autoren zwei Diplompsychologen sind. Das Buch lässt keinen Zweifel daran, wie wichtig ein (freilich verklausuliertes) Eigenlob vor den „Personalern" sein muss. Ich darf daraus zitieren: „Die Basisstrategie im Vorstellungsgespräch, die so genannte Fünf-Satz-Argumentation, bietet ein gutes gedankliches Rüstzeug und nützliche praktische Orientierung. Sie leistet hervorragende Dienste, wenn Sie Ihre Statements situativ und hörerbezogen vortragen.

1. Benennen Sie klar und kurz Ihren Standpunkt: ‚Ich bin davon überzeugt, für die Aufgabe der richtige Kandidat zu sein.'

2. Präsentieren Sie Ihre Argumente: ‚Meine Qualitäten für diese Position sind ...' (Fähigkeiten, Kenntnisse, Erfahrungen usw.)

3. Untermauern Sie dies durch Beispiele, Beweise: ‚Ich habe mit Erfolg z. B. ... gemacht. Als Nachweis für ... kann ich anführen ...' usw.
4. Begegnen Sie möglichen Einwänden bzw. kommen Sie ihnen zuvor: ‚Sie werden jetzt denken ... ich aber versichere Ihnen ...'
5. Ziehen Sie das Fazit: ‚Aus diesen Gründen (1., 2., 3.) traue ich mir die Aufgabe zu und werde sie bestimmt erfolgreich bewältigen'."

In einer ähnlichen Fibel, von Christine Öttl und Gitte Härter für den GU-Kompass geschrieben, werden für ein erfolgreiches Vorstellungsgespräch sogar Ratschläge gegeben, die fast ungebräuchlich scheinen. Auf die Frage: „Warum sollten wir Sie einstellen?" sollte man herausheben, was man selbst am wichtigsten findet und gerne über sich sagen möchte: „Weil ich ein Selbststarter bin. Ich habe die Erfahrung, dass Können und ausreichend Eigenverantwortung, um von Tag eins an loszulegen". Oder auch: „Ich bin praktisch die Idealbesetzung (lachen). Dass ich Ihre fachlichen Anforderungen erfülle, haben wir eben schon geklärt. Und – was mir noch sehr wichtig ist – ich arbeite sehr engagiert. Wenn ich etwas mache, mache ich es richtig. Das kann manchmal unbequem sein (lachen Sie wieder) – aber immer im Sinne der Firma!"

Also dick aufgetragenes Eigenlob? Offenbar nicht. Denn als Tipp wird noch mitgegeben: „Flechten Sie aktuelle Beobachtungen mit ein." Wie die Autorinnen sich das vorstellen, folgt auf dem Fuß: „... und so weit ich das nach allem, was ich bis jetzt gesehen habe, beurteilen kann, würde ich sehr gut in Ihr Team und in die Atmosphäre hier passen". Schließlich wird dann auch noch ein Hinweis gegeben, wie man die Frage „Wo sehen Sie sich in fünf Jahren?" beantworten könnte: „Mein Ziel ist, dass ich mich in meinem Tätigkeitsgebiet weiter entwickle und ständig dazu lerne. Ich möchte mir eine gute Routine erarbeiten, in den Dingen, die ich heute als Herausforderung betrachte, und mich inhaltlich und von meiner Arbeitsweise her immer weiter verbessern".

Was hier als übertriebenes Eigenlob klingt, wird von Betriebspsychologen ernsthaft empfohlen. Der Spiegel des Narziss ist in diesem Fall der „Personaler". Er kann, bildlich gesprochen und als Metapher gemeint, das Konterfei erkennen, das seine Gesprächspartner zu zeichnen glauben. Wenn es nach den Entwerfern solcher und ähnlicher Bewerbungshandbücher geht, ist übertriebenes Selbstlob offenbar gestattet. Es ist freilich nicht jedermanns Sache. Aber Schüchternheit und Befangenheit machen, kann man allenthalben lesen, einen schlechteren Eindruck als verbales Draufgängertum, das die eigenen Qualitäten ins rechte Licht setzen will.

Ins rechte Licht setzen? Da kommt es natürlich gelegentlich zur Versuchung zu schwindeln, das rechte Licht noch intensiver leuchten zu lassen als erträglich scheint (auf die Gefahr hin, einen Kurzschluss zu verursachen). Die Versuchung besteht darin, das uralte Wahrheitsgebot des Lobs zu missachten.

Da hat die Wiener Tageszeitung *Kurier* in ihrer „Karrieren"-Beilage etwa einen Bewerbungscoach zitiert, der einerseits Milde walten lässt: Er meint, es sei verzeihlich, bei einem Interview nicht die Wahrheit zu sagen, „etwa, wenn Fragen gestellt werden, die verboten sind – wie jene nach dem Kinderwunsch. Da rate ich meinen Klientinnen zu lügen, dass sich die Balken biegen". Man müsse sich bewusst sein, „dass man nicht vor Gericht steht – auch wenn gerade Personalchefs dem Bewerber oft das Gefühl eines Verhörs geben". Es gelte aber abzuwägen, welche Konsequenzen die Unwahrheit haben könne bzw. wie leicht diese nachzuweisen ist.

Was kann der Sigismund dafür?

Der *Kurier* weiter: „Wer beim vergangenen Job gekündigt wurde, leugnet das besser nicht. Zwar steht im Zeugnis dann ‚im besten beiderseitigen Einvernehmen…'. Das bedeutet aber nichts anderes, als dass die Initiative zur Kündigung vom Arbeitgeber ausgegangen ist. Schon sinnvoller ist Flunkern, wenn nach den Gründen der Kündigung gefragt wird. Man sollte sich eine Version einfallen lassen, die einem möglichst wenig schadet. Als Beispiel nennt er das Kündigungsmotiv ‚genereller Personalabbau'. Notfalls kann der Bewerber auch darauf hinweisen, dass die Chemie nicht gepasst hat."

Eigenlob kann tatsächlich schiefgehen, das Gegenteil bewirken. Natürlich ist verschweigen nicht gleich lügen. Wenn man zugibt, in Scheidung zu leben, könnte der Personalist mutmaßen, dass der Kandidat eine schwierige Phase durchlebe. Auch „geschieden, zwei Kinder" brauche keine Frau in den Lebenslauf schreiben. Und eine längere Arbeitslosigkeit lasse sich durch die Angabe vertuschen, es habe sich um ein Sabbatical oder verschiedene Fortbildungen gehandelt.

Übertriebenes, vielleicht sogar verlogenes Eigenlob bei Bewerbungen sei meist leicht zu erkennen, wird eine Personalberaterin im *Kurier* zitiert: „Spätestens bei Nachfragen verraten sich viele Bewerber durch ihr Verhalten. Sie schauen mir dann nicht in die Augen, gestikulieren nervös mit den Händen. Oft wird plötzlich schneller gesprochen und das Sprachniveau wird schlechter." Unwahrheiten bei Frauen, so erklärt die Psychologin, hätten „einen höheren Plausibilitätsfaktor. Männer neigen eher zum Hochstapeln. Das fällt ihnen leichter auf den Kopf."

Ist unserem Sigismund seine vermeintliche Schönheit „auf den Kopf gefallen"? In Wahrheit muss man ihm ja Recht geben. Was kann er denn dafür, dass er glaubt, dass man ihn liebt, weil er so schön ist? Besser: Weil er glaubt,

schön zu sein – ein eklatanter Fall von Selbstüberschätzung.
Was übrigens auch auf den Hominiden zutrifft, der mit den Fäusten auf seine Brust trommelte. Eigenlob stinkt? In der Ich-Gesellschaft stinkt Eigenlob nicht. Sonst wäre der Geruch bisweilen unerträglich.

Gekauftes Lob, gesponsertes Lob

Das Kreuzfahrtschiff ist unvorstellbar groß. Fast 3.000 Passagieren bietet es Platz, die meisten der fast 1.500 Kabinen sind mit Balkonen ausgestattet, mit seinen mehr als 120.000 Tonnen ist es gleichzeitig Resort und überdimensionierte Wellness-Herberge. Die Pressevertreter, die das schwimmende Großhotel während der ersten Ausfahrt „bewohnen" durften und nicht nur das blaue Mittelmeer erleben, sondern auch die vielen Restaurants, Bars, die Bibliotheken, Auditorien und Tanzsäle besuchen konnten, waren begeistert. Dementsprechend waren die Berichte in den Medien. Das Lob schäumte ebenso wie der Champagner in den Gläsern.
Eine fiktive Geschichte, versteht sich. Ganz und gar erfunden. Einladungen wie diese gibt es ja nicht, und die Zeitungen, denen es zu kostspielig gewesen wäre, auf einer Jungfernfahrt dieser Art ein Redaktionsmitglied mitzuschicken, müssten sich damit begnügen, die Kataloge der Schifffahrtsgesellschaft als Material zu benützen. Als besondere, dicke und illustrierte „Waschzettel" gleichsam.
Einladungen wie diese gibt es wirklich nicht? Ich muss mich verbessern. Natürlich gibt es sie, und sie werden von den heimischen Medien auch genutzt. Die meisten, auch die elektronischen, auch Fernsehen und Radio, könnten sich solche Kreuzfahrten und „terrestrische" Reisen nie und nimmer leisten. Sie sind sehr oft darauf angewiesen, Redaktionsmitglieder gratis mitschicken zu dürfen, um dem zu obliegen, was sie (und ich) als Informationspflicht verstehen.

Plaudere ich, schreibe ich aus der Schule? Ich muss es zugeben. Ich habe als Journalist sehr oft von solchen Einladungen Gebrauch gemacht, und ich hatte, Hand aufs Herz, nie ein schlechtes Gewissen gehabt. Man könnte es als Kleinkorruption bezeichnen. Das ist unwahr. Wahr ist vielmehr, dass solche Einladungspraxis, die allgemein akzeptiert wird, mit Korruption nichts zu tun hat, daher auch nicht als solche betrachtet werden kann. Ein Teil des Wirtschaftslebens würde zugrunde gehen, gäbe es nicht einen mehr oder minder intensiven Kontakt zwischen Industriebetrieben und Dienstleistungsunternehmen einerseits und der Medienwelt andererseits.

Und weil heutzutage Zeitungen, Magazine und sogar die elektronischen Medien jeden Cent umdrehen müssen (oder zumindest dies zu tun behaupten), wird die Informationspflicht relativ weit gesteckt. Immer dann, wenn Wirtschaft und Medien all zu nahe zusammenrücken, ergibt sich gelegentlich das, was man als „gekauftes Lob" bezeichnen könnte. Oder auch als gesponsertes Lob.

Um den Vorwurf zu entkräften, dass ich das Nest beschmutze, aus dem ich komme, sei vorerst erläutert, dass jedenfalls in Europa die „Do ut des"-Methode eine durchaus akzeptable ist: Den Medien bzw. deren Mitarbeitern wird die Gelegenheit geboten, das kennen zu lernen, worüber sie zu berichten haben. Und diese Gelegenheit ist zwangsweise kostenlos – sonst würde sie ja nicht ergriffen.

Das gilt, ausdrücklich sei dies festgestellt, nicht für die Gastrokritiker. Sie bezahlen ihre Rechnung, das jeweilige Medium kommt für diese auf. Was ich unter „gekauftem Lob" verstehe, ist etwas anderes. Es ist das Seiltanzen über dem Abgrund, der einen Verstoß gegen das Berufsethos der Medienmitarbeiter bildet. Diese Grundsätze sind längst zu einer Art von Dokument geworden, an ihrer ersten Version (sie sind indessen erweitert worden) habe ich selbst als damaliger Vorsitzender des Österreichischen Presserates mitgearbeitet.

Die vermeintliche Kleinkorruption, die ich meine, hat viele Gesichter. Vor nicht allzu langer Zeit ist sogar in Gesetzesform gegossen worden, dass Geschenke an Amtspersonen, die einen minimalen Wert übersteigen, strafbar seien. Firmeneinladungen zu den Salzburger Festspielen, die über einen gewissen Wert hinausgehen, hören sich schön langsam ohnehin auf, und die Gastronomiebetriebe klagen darüber, dass so genannte Geschäftsessen seltener werden, alles im Zeichen der Finanzkrise. Es sieht so aus, als ob diese Art von „do ut des" rarer wird, als ob die Intensivierung von Geschäftsbeziehungen durch Präsente, und sei es auch nur ein Dinner, zu teuer werde. Auch die Bewirtung von Medienvertretern gehört dazu. Wobei immer schon die Frage beantwortet werden musste, ob journalistisches Urteil durch gutes Essen erkauft werden soll oder darf.

Es gibt freilich zwei Bereiche der Medienarbeit, die für das gekaufte Lob besonders anfällig zu sein scheinen. Sie sind akzeptiert, man findet nichts dabei; jenen, die damit befasst sind, käme es nie in den Sinn, etwas Anstößiges daran zu finden. Es wird ja in der Tat nur Information geboten, von den einen und von den anderen. Jeder hat da seinen Part, und er erfüllt ihn getreu.

Das gekaufte Lob betrifft die Reise- und die Motorjournalistik. Lassen Sie mich erklären – und ich weiß, wovon ich schreibe. Vor Jahren hat eine Reiseorganisation getan, was immer schon gang und gäbe war und wahrscheinlich immer sein wird: Sie hat eine Gruppe von Zeitungsleuten eingeladen, die Hotels eines Küstenstrichs in einem westeuropäischen Land kennen zu lernen. Solches ist nicht ungewöhnlich, es gehört, wie ich schrieb, heute sogar zu den Selbstverständlichkeiten journalistischer Arbeit – und je leichter diese Arbeit gestaltet wird, desto besser. Dass in den Vereinigten Staaten etwa den Mitgliedern des Pressecorps, das beim Weißen Haus akkreditiert ist, bei Begleitung des Präsidenten jeweils der Flugpreis erster Klasse samt Zuschlag für technische Sonderleistungen verrechnet wird, steht hier nicht zur Debatte. Andere Länder, andere Sitten.

In Europa ist es jedenfalls Sitte, dass Journalistenbegleitungen für die Betreffenden recht und zumeist auch billig sind. Man ist Gast, und sogar die Caritas lässt es sich etwas kosten, Lob für ihre Leistungen in exotischen Ländern zu ernten, wenn sie jene mit auf die Reise nimmt, die dann das Lob spenden sollen. Tadelst du, wenn du eingeladen bist? Zögerst du, wenn du weißt, dass du als Gegenleistung für Spenden werben sollst, wie es Praxis etlicher karitativer Organisationen ist?

Was für den privaten Rahmen gilt, scheint auch für das Berufsleben eine Selbstverständlichkeit zu sein. Wer will über die Unbequemlichkeit von Economy-Sitzen klagen, wenn er gratis nach Japan fliegen darf? Wer wagt es, die unbequeme Handhabung von Duschhähnen zu rügen, wenn ihm die Gelegenheit geboten wird, an der Eröffnung eines Hotelpalastes teilzunehmen?

Zurück zur Einladung einer Gruppe von Reisejournalisten in westeuropäische Strandhotels. Sie waren, las ich dann, über jedes Lob erhaben. Das Service war hervorragend, die Zimmer tipptopp, das Essen ausgezeichnet, die Lage mehr als schön. Die Kollegin, die damals mitgereist war, kam voll der Begeisterung und des Lobs zurück und schrieb dies auch mit allen Details.

Ein paar Wochen später hatte ich, freilich nur als einfacher Reisender, eines dieser Hotels heimgesucht. Ich war enttäuscht. Ich hatte geglaubt, was die Reisejournalisten erzählten, und hatte nicht bedacht, dass es eines ist, in einer

Gruppe von Medienleuten aus guten Gründen hervorragend betreut zu werden, und ein anderes, als normaler Sterblicher aufzutreten oder auftreten zu müssen. Den Unterschied, sagte ich mir, möchte ich Klavier spielen können – so wie der Barpianist, der freilich gerade seinen freien Abend hatte.

Darf man von Kleinkorruption sprechen, wenn man solcherart privilegiert ist? Muss man Souvenirs zurückweisen, die bei solchen Gelegenheiten verteilt werden? Oder ist das ganze nicht doch als „Information" zu verstehen, auch wenn den Lesern, Hörern oder Sehern unabsichtlich etwas vorgegaukelt wird, das sich dann unter Umständen als Chimäre herausstellt? Gewiss, es ist gekauftes Lob, das da auf den Markt geworfen wird. Wer Lob sponsert, kommt im Normalfall ebenso auf seine Rechnung, wie der oder die Gesponserte. *Do ut des.*

Das gilt auch für einen zweiten großen gesponserten Bereich der Medien, die Motorberichterstattung. Genauer: Jene Berichte, die sich mit Autos und Motorrädern befassen; Fahrradtests gibt es zwar auch schon, aber noch nicht so häufig. Für die Motorjournalistik trifft genauso zu, was bereits über die Reisejournalistik erzählt wurde. Es handelt sich auch in diesen Fällen um gekauftes, oder sagen wir lieber: gesponsertes Lob.

Bedenken Sie: Der Wagen oder das Motorrad müssen getestet werden, und zwar von jenem oder jener, der oder die dann den entsprechenden Bericht über das Fahrzeug schreiben soll. Und wie kann man einen Testbericht verfassen, wie kann man das Auto oder das Motorrad ausprobieren, wenn man es nicht geprüft hat? Und wie kann man es prüfen, wenn man nicht damit fahren kann? Und wie kann man (oder darf man) damit fahren, wenn man den Wagen oder das „Bike" nicht kostenlos zur Verfügung gestellt bekam?

Hier kommen die so genannten Testwagen ins Spiel (das durchaus kein krummes ist). Der Tester – oder, da es immer mehr Autofirmen gibt, die ihre Fahrzeuge von Damen handgeprüft haben wollen, die Testerin –- bekommen Auto oder Zweirad natürlich gratis und franko, sonst könnten sie es ja nicht erproben. Nach einer gewissen Zeit werden die Fahrzeuge von den Motorjournalisten dann zurückgegeben, und abermals nach einer gewissen Zeit ist der Testbericht fertig und wird publiziert: komplett, von Motorleistung bis Bequemlichkeit.

Ich habe noch nie einen solchen Bericht gelesen, der das Objekt der späteren Käuferbegierde in Grund und Boden verdammt hätte. Im Gegenteil: Wenn es je einen Bereich gegeben hat, in dem der Begriff „gesponsertes Lob" (das klingt immer wieder besser als „gekauftes Lob", meinen Sie nicht?) zutreffend wäre, ist es jener der Motorjournalistik.

Das Fahrzeug steht ja dem Tester den ganzen Tag, die ganze Woche, gelegentlich sogar – sofern es sich um einen Langzeittest handelt – sogar monatelang zur Verfügung. Und zwar Tag und Nacht und für alle privaten Zwecke; wenn die Frau Gemahlin in den Supermarkt fährt, gilt natürlich auch das als Test.

Dagegen ist im Grunde nichts einzuwenden. Und auch wenn die Kritik nachher entsprechend sanft ausfällt, ist auch dies durchaus verständlich. Immerhin schwingt da ja, auch wenn es sich bei den Testern um Profis handelt, also um Motorjournalisten, bis zu einem gewissen Grad, selbst wenn es nicht zugegeben wird, eine Spur von Dankbarkeit mit: Ein nagelneues Auto wird mir für eine gewisse Zeit gratis geliehen, damit ich es erprobe. Und manchmal werden mir sogar die Benzinkosten ersetzt.

Sie werden verstehen, dass das Testergebnis dann – nein, nicht den Wünschen der Produzenten oder Firmen entspricht, das wäre falsch. Die Tester schreiben ihren Prüfbericht nach bestem Wissen und Gewissen. Bisweilen freilich überschattet die Dankbarkeit beides, was um Gottes Willen nichts mit journalistischem Ethos zu tun hat. Aber man weiß doch, was man schuldig ist.

Und so kommt es, dass alle berichtenswerten Details des Fahrzeugs in der Skala der Gutpunkte, Sternchen oder Pluszeichen verhältnismäßig weit oben rangieren. Gewiss gibt es kein einziges Automobil, das in allen Kategorien das höchste Lob erreicht. Das ist nicht möglich, und vor allem: Das sieht nicht gut aus. Das gemahnt zu sehr nach gesponsertem Lob. Andererseits wird dieses Lob nicht verhalten geäußert, sondern durchaus offen.

Auch dafür gibt es – ich will und muss fair sein – natürlich eine Begründung. Keine einzige Automarke fällt, wenn man sie benotet, mit Bomben und Granaten durch. Das ist so, weil der Stand der Fertigung heute eine Perfektion erreicht hat, die es früher nie gab. In der Tat fällt es schwer (und auch den Testern, die tagaus, tagein mit solchen Prüfungen von Berufs wegen befasst sind, den Motorjournalisten also) – es fällt also schwer, einen argen Mangel zu entdecken. Dem gesponserten Lob wird entsprochen, weil es falsch wäre, zu tadeln. Weil es – siehe oben – dem Gewissen nicht entspräche, wider besseres Wissen zu kritisieren.

Aber allzu sehr loben ist in diesem Fall irreführend. Immerhin ist ja auch in der Motorjournalistik die Information das Wichtigste. Also gilt es, Details anzuführen, die kritikwürdig sind. Als ich noch in der Tagesjournalistik tätig war, spotteten wir gelegentlich über die einschlägigen Kollegen, die kritikwürdige Details aus sich herauspressten – und dann schrieben, dass in dem betreffenden Fahrzeug der Aschenbecher unhandlich angebracht sei.

Gewiss, wir haben gespottet. Wir wollten den Kollegen in der Motorredaktion keine unehrlichen Absichten unterstellen. Und die Zeiten, da das Lob, das gesponsert wurde, im buchstäblichen Sinn gekauft worden ist – diese Zeiten sind längst vorbei. Es hat sie gegeben. War da nicht sogar einer (lang, lang ist's her), von dem man erzählte, im Testwagen sei jedes Mal auch ein Kuvert gelegen, und sein Inhalt habe nicht aus einem Prospekt bestanden?

Gekauftes Lob, gesponsertes Lob: Die Grenze, der Grat sind scharf, und sie sind leicht zu überschreiten. Was ist Bestechung, und was ist die Bitte um ehrliche Erprobung? In den Medien hat sich in den letzten Jahrzehnten glücklicherweise (und nicht zuletzt aufgrund der Regeln eines journalistischen Ethos) die Grenze sehr deutlich gezeigt. Sie ist allen, auch den Jüngsten des Berufs, deutlich gemacht worden. Es ändert dies freilich nichts an der Tatsache, dass es gesponsertes Lob noch immer gibt und immer geben wird. Denn wie heißt es so schön? Geht es der Wirtschaft gut, geht es uns allen gut. Auch den Reisejournalisten, den Motorjournalisten, kurz: allen, die gesponsertes Lob spenden.

„Best of" –
wer sagt das?

Es gibt eine Skala des Lobs. Und es gibt den Tadel durch Verschweigen. Ich muss es wiederholen: Dass Schweigen im Allgemeinen Zustimmung bedeutet, gilt in diesem Fall nicht. Um es vorwegzunehmen: Wer auf einer „Best of"-Liste nicht aufscheint, muss sich getadelt fühlen. Wer hingegen darin vertreten ist, kann behaupten, gelobt worden zu sein – sonst wäre er oder sie ja nicht „Best of".
Es gibt meiner Meinung nach nichts Dümmeres als solche Listen, die irgendwie einem Wettbewerb gleichen. Wer darin nicht vorkommt, ist minderwertig – so jedenfalls der Eindruck. Und das ist auch das größte Problem, der größte Fehler dieser Qualifikationsregister, die gleichbedeutend sind mit Lob. Sind sie wirklich gut, sind sie exzellent, ja hervorragend, diese Spitzenreiter, auf welchem Gebiet auch immer sie gelobt werden? Und von wem auch immer?
Da sind wir gleich bei der ersten Frage, die sich aufdrängt, wenn man „Best of" mit Lob gleichsetzt, was in diesem Fall ganz natürlich ist. Solche Listen werden gemeinhin von Gremien aufgestellt, deren Mitglieder weitgehend unbekannt sind, weil sie meist nicht genannt werden. Aus guten Gründen.
Es ist schwer, Menschen zu finden, die für eine Jury geeignet wären, und es ist schwerer, sie zusammenstellen zu müssen: Menschen, die erstens sachverständig sind, zweitens jedes Konkurrenzneids bar und drittens auch qualifiziert. Es gibt zahlreiche „Best of"-Listen, aber nur wenige, deren „Erfinder" nicht nur das Wissen, sondern auch die Ehrlichkeit haben, Berufe, Institutionen, Einrichtungen zu

klassifizieren und zu qualifizieren, ohne in den Verdacht zu geraten, gesponsertes Lob zu verteilen. Mit anderen Worten: Zu loben, wenn man keine Gegenleistung erwartet.
Noch einmal: „Best of"-Listen sind gleichbedeutend mit Lob – so schief dies auch gelegentlich sein mag. „Best of" heißt ja, dass es die Besten seien. Die Besten von wem, von was, die Besten wo, wie, und vor allem auch: warum? In unserer Welt, da die Anglizismen immer häufiger werden, wird darauf verzichtet, deutlich zu machen, was eigentlich gemeint ist: Dass irgendetwas oder irgendjemand besser ist als der oder die andere, und dass das Bessere bekanntlich dem Guten den Rang streitig macht. Um beim Thema dieses Buchs zu bleiben: Großes Lob ist mehr als Lob, und höchstes Lob ist mehr als großes Lob.
„Best of", also jemand oder etwas, der oder das auf dieser Liste aufscheint, kann nicht Lob oder hohes Lob, sondern offenbar höchstes Lob für sich in Anspruch nehmen. „Österreichs bestes Bier" heißt der Werbeslogan einer bekannten Marke. Es hat eine Zeit gegeben, da es verboten war, Qualitätsunterschiede werblich zu beurteilen und demgemäß zu vermarkten. Noch vor ein paar Jahrzehnten wäre es unmöglich gewesen, ein Bier als das beste zu bezeichnen – es hätte allen Regeln geordneten Wettbewerbs widersprochen.
Heute gilt solches Lob, von den elektronischen und gedruckten Medien gespendet, nur mehr eingeschränkt. Niemand regt sich auf, wenn es „Best of"-Listen gibt – außer jene, die fehlen. Eigentlich sollte man aber solche Listen in Grund und Boden verdammen. Man sollte sie nicht beachten, weil sie mehr schaden als nutzen. Weil sie nichts als Quellen des Misstrauens sind.
Es gibt solche Register der Qualifikation auf allen Gebieten. Das, was in der Schule benotet wird, die Leistung nämlich, die, sofern sie gut ist, entsprechend gelobt wird –

dies wird in vielen Fällen ins Lächerliche, wenn nicht gar ins Gefährliche gezogen. Die Benotung von Einrichtungen mag, sofern sie mündlich erfolgt, also durch eine Art von Mundpropaganda, durchaus akzeptabel, ja vielleicht sogar notwendig sein: „Geh mit deinen Beschwerden zum Doktor N., der ist freundlich, kennt sich aus und ist ein Arzt, wie ich ihn mir vorstelle." Das ist Lob. Und wenn gesagt wird: „Das Hotel X ist eine verwanzte Bruchbude, buchen Sie ja nicht", ist wahrscheinlich, dass man sich danach richtet. Auch das ist natürlich eine Benotung, eine Qualifikation, ist Lob oder Tadel – aber nicht allgemein verbindlich und auch nicht von einem Medium verbreitet.

Anders, wenn solche Benotung in Zeitungen, Magazinen oder in Rundfunk und Fernsehen stattfinden. Dann wächst die Qualifikation zur fast verbindlichen Wertschätzung. Wieder ein Beispiel: die Anzahl der Punkte oder Sternchen, die ein Film zugesprochen erhält. Bleibt die Spalte leer, ist der Streifen wohl als „Trash" zu werten. Die Frage, warum er dann überhaupt in die Qualifikation aufgenommen wird, bleibt freilich unbeantwortet.

Meist sind solche Qualifizierungen künstlerischer Produkte (und auch die von Film und Theater gehören natürlich dazu) dazu angetan, über den Publikumserfolg zu entscheiden. Vier Sterne: Das heißt höchstes Lob. Das heißt fast schon Kult. Das Gleiche gilt für Hotelführer: Je mehr Sterne, desto größer das Lob der professionellen Kritiker und desto höher natürlich auch der Preis. Was in diesem Zusammenhang über professionelle Tester zu sagen ist, finden Sie an anderer Stelle.

Da freilich sind wir bei der Frage, ob Test und Lob, ob Prüfung und Platz auf der Qualifikationsskala dann opportun ist, wenn sie am Vertrauen rütteln, wenn sie, wie erwähnt, nicht doch Misstrauen schüren, wenn sie also demgemäß sogar gefährlich sein können.

Das trifft in erster Linie auf den medizinischen Bereich zu. Es gibt natürlich schon längst Listen von Spitälern, die aus den verschiedensten Gründen (die nicht unbedingt medizinische sein müssen) gelobt werden. Es werden (siehe „Best of") erste Plätze vergeben, es wird auch für die Zweit- und Drittgereihten Lob gespendet – aber was, wenn ein Spital auf einer solchen „Best of"-Liste nicht vertreten ist? Was, wenn sich ein Arzt in solch einer Bestenliste nicht findet? Ich weiß, dass es in solchen Fällen oft nicht leicht ist, den Verdacht der Patienten zu entkräften, wer auf einer „Best of"-Liste nicht vorkomme, sei dessen nicht würdig, weil er oder sie nicht gut sei.

Tatsächlich kann Lob, so betrachtet, gefährlich werden. Das gilt nicht für jene Listen, die Gebrauchsgegenstände qualifizieren und benoten, wie dies in Konsumentenmagazinen oft der Fall ist. Die Skala des Lobens beginnt in diesen Fällen mit „sehr gut" und endet mit „wenig zufriedenstellend". Freilich ist auch die Note „durchschnittlich", ob es sich nun um einen Autoreifen oder ein Haarwaschmittel handelt, nicht gerade verbraucherermutigend.

Dass auch Lehrinstitute solchen Verzeichnissen, sprich: solcher Art von Wettbewerb nicht entgehen, führt wieder auf ein anderes Gebiet. Warum sind in einem weltweiten Register von Universitäten drei amerikanische auf den ersten, die deutschen und österreichischen Hochschulen auf nicht gerade letzten, aber auch nicht auf stolzen Plätzen? Warum fehlen auf den „Best of"-Listen etliche Gymnasien, die ja doch als Eliteschulen gelten? Nach welchen Kriterien wird da gerichtet?

Vor allem aber: Wie kommen denn in all diesen Fällen Lob und Tadel zustande? Wer entscheidet über Erfolg und Misserfolg? Wer sitzt in der Jury, sofern es eine solche überhaupt gibt? Und wer nimmt auf sich, beispielsweise im Fall von Handwerksbetrieben, über Erfolg oder Nichterfolg zu urteilen, wenn nicht „listenqualifizierte" Firmen dann möglicherweise sogar Pleite machen müssen, weil sie in Fachzeitschriften nicht entsprechend bewertet worden sind?

Ich gebe zu: Auch ich lese solche Bewertungsskalen, solche Register von Lob und Tadel sehr gerne. Ich ertappe mich freilich dabei, mir den Kopf zu zerbrechen, warum manche Ärzte, von denen ich weiß, dass sie hervorragend ordinieren, auf solchen Listen nicht vertreten sind. Und da stelle ich mir dann immer die Frage, wer eine Jury dieser Art zusammensetzt, welche Personen sie bilden und aus welchen Motiven sie urteilen.

Eines der Motive glaube ich freilich zu kennen. Kollegenlob ist, wie schon gesagt, selten – es sei denn, es handelt sich um echte Freundschaft. Immer wieder, scheint es, spielt der Neid mit: Soll ich wirklich jemandem Lob spenden, von dem es dann möglicherweise heißt, er sei besser als ich? Gerade die Vertreter geistiger, intellektueller, künstlerischer Berufe sind es, die sich scheuen, in der Berufskollegenschaft öffentlich Lob zu spenden. Daher ziehen sie sich gerne in die Anonymität einer Jury zurück.

Dies gilt nicht nur für Ärzte, sondern auch für Journalisten, Schauspieler, ja sogar Spitzenmanager. Vielleicht ist dies der Grund, dass die Ergebnisse von „Best of"-Listen gelegentlich skurril anmuten. Aber gilt dies nicht für jede Art von Preisverleihung? Gewiss, da sind die Mitglieder der diversen Jurys bekannt, bisweilen auch berühmt. Allein, wenn sie sich aus Berufskollegen zusammensetzen, wird oft dort am höchsten gelobt, wo dieses Lob am wenigsten verdient ist – Beispiele gibt es genug. Die Alternative, nämlich Lob durch Umfrage, ist freilich auch nicht geeigneter, Lorbeeren zu verteilen.

Woran aber ist ein Beliebtheitsgrad wirklich zu messen? Die Medien wissen es. Sie glauben es zumindest zu wissen.

Auf die Reichweite kommt es an. Je mehr Leser, Seher, Hörer, desto höher die Beliebtheit. Dass dies nicht immer stimmt, darf als bekannt vorausgesetzt werden. Es könnte sich dabei auch um einen Gradmesser nicht des Lobs, sondern der Dummheit handeln. *Musikantenstadl* und *Villacher Fasching* sind absolute TV-Spitzenreiter. Ähnliches ist vom Printsektor zu vermelden. Ist die Verbreitung der *Krone*, der *Bild*-Zeitung – sicher gut gemachte Massenblätter – Zeichen allgemein gelobter Qualität? Oder auch: Je höher die Auflage, desto größer das Lob?

Es gibt Zeitungen, die ihre Redaktionsmitglieder wählen lassen: Welche Filme sind die besten, welche Bücher die wertvollsten? Die *Süddeutsche Zeitung* hat einmal die 100 ihrer Meinung nach besten Filme als DVDs aufgelegt. Es war ein unerhörter Verkaufserfolg.

Es war dies das Lob von Menschen, denen man abnimmt, dass sie wissen, was sie tun und welches Urteil sie fällen, die also nach bestem Wissen und Gewissen entscheiden. Die meisten anderen Urteile sind nicht in der Lage, die Probe aufs Exempel zu bestehen: Ist „Best of" denn wirklich „Best of"? Wir werden es wahrscheinlich nie erfahren.

Wie schon die Alten sungen ...

Lob ist so alt wie die Menschheit. Seit der Homo sapiens wirklich ein Wissender ist, ist er bereit, gut und böse zu unterscheiden, besser: was gut ist und was schlecht. Noch besser, was ein guter Mensch ist und welche man unter die Rubrik „böse" stellen kann. Die Guten werden gelobt und die Bösen zumindest getadelt, wenn nicht gleich umgebracht. Gute Menschen sind, wohlgemerkt, etwas ganz anderes als Gutmenschen. Aber das – nochmals Michael Ende – ist eine andere Geschichte.
Loben ist alt, Lob gehört gleichsam zur Geschichte der Menschheit. Aber es ist immer schon umstritten gewesen. Vor allem, wenn es um ein Lob geht (besser: ging), das vor mehreren Leuten gespendet wurde, in der Öffentlichkeit gleichsam. Dann kann Lob auch schwierig, ja peinlich sein.
Lob ist von alters her vor allem auch in Versammlungen gespendet, ausgesprochen, verkündet worden. Es war immer schon ein Teil der Rhetorik, eine „Kunst", die bei den Griechen und Römern gelehrt und nach Möglichkeit auch ausgeübt wurde. Aristoteles etwa hat sie gewissermaßen dreigeteilt: In die gerichtliche Rhetorik (Cicero ist dann einer der berühmtesten Redner dieser Gattung geworden), in die beratende und in das, was der Philosoph die epideiktische nannte. Darunter verstand er das Loben, aber auch das Tadeln.
Epideiktisch heißt (ich gebe zu, dass ich nachsehen musste) „prunkend", auch „prunkrednerisch". Hat Aristoteles also Lob als Prunk gesehen? Die epideiktische Rede (heute sagen wir „Laudatio" dazu und sie soll noch

ausführlicher „zu Wort kommen"), diese epideiktische Rede also (hier ist es wieder, dieses schwierige Wort) soll die Verdienste des Gelobten (die Weiblichkeit ist in diesem Fall kaum vertreten, mir fällt hier nur Sappho ein, die griechische Dichterin) entsprechend hervorheben. Der Laureat soll dem Publikum vorgestellt werden. Laureat: der Gelobte. Der zu Lobende. Man zeigt gleichsam auf ihn, öffentlich, manchmal auch buchstäblich. Der Zeigefinger macht in diesem Fall seiner Bezeichnung Ehre. Dass er heute mehr als Drohfinger, als Finger des Tadelns gebraucht wird, zeigt die Eigenheiten, um nicht zu sagen die Skurrilitäten der deutschen Sprache.

Laudatio. Die Lobrede. Oder ganz einfach: Das Lob. In der Tat: Wie schon die Alten sungen. Die alten Griechen, die alten Römer, wahrscheinlich auch die alten Ägypter, natürlich die Germanen, die Kelten – Lob ist auf die verschiedenste Art und Weise schon von allem Anfang an zwar nicht etwas Alltägliches, aber doch ein wichtiger Teil des menschlichen Lebens gewesen. Laudatio: Das lateinische Wort ist so treffend, allgemein verständlich (und nicht nur für jemanden, der das Lateinische liebt) und so wichtig, dass der Begriff auch wissenschaftlich – nun, sagen wir: aufgearbeitet wurde.

Sogar ganze Dissertationen sind über das Wesen der Laudatio und ihre Theorie (jawohl, es gibt sogar Theorien über die verschiedenen Arten der Laudatio) verfasst worden. Theorien des Lobs also. Oder auch: Lob, akademisch untersucht. Lob als Mangelware freilich ist noch nicht beschrieben worden. Dafür aber haben die Weisen der Antike ihre Griffel abgenützt, um zu erklären, was für sie Lob, Lobrede und dem, was sie als solche verstehen, nämlich die Laudatio, bedeutet.

Eine der Dissertationen scheint mir besonders wertvoll. Sie ist, wie bereits erwähnt, von Alexandra Zimmermann und im Münchner Iudicium Verlag erschienen, vor anderthalb Jahrzehnten, aber doch von, wie mir scheint, immerwährender Gültigkeit. Von den berühmtesten aller Lobreden, den antiken Grabreden, soll an anderer Stelle die Rede sein. Bleiben wir bei der Theorie. Sie muss nicht trocken sein, diese Lehre vom richtigen Lob, die schon vor Jahrtausenden geschrieben wurde, nicht übereinstimmend, aber doch immer das gleiche Ziel verfolgend. In moderner Sprache könnte man es so ausdrücken: Die Lobrede darf nicht peinlich sein. Sie darf nicht aufdringlich sein. Und sie soll die Zuhörer beeindrucken: Nicht nur durch das Thema, den Wortlaut, die Rhetorik, sondern auch durch den Redner selbst, den Lobredner.

Rhetorik war bis ins frühe Mittelalter hinein ein ganz wichtiger Lehrgegenstand in den Schulen, den Rednerschulen in der Antike, den Klosterschulen später. Reden können war eine Kunst, die den Redner vom Volk unterschied. Bemerkung am Rande: Das Mikrophon hat die Rhetorik fast überflüssig gemacht. Und die Kanzeln werden heute nur mehr als Kunstwerke, als Tribünen einer verflossenen Zeit betrachtet. Aber auch das ist eine andere Geschichte. Und es steht nicht in der erwähnten Dissertation.

Aber man liest darin, was wir für so selbstverständlich halten, dass es nicht erwähnenswert erscheint – oder in der Gedankenlosigkeit des 21. Jahrhunderts für nebensächlich gehalten wird. Lob, so meinten die alten Schriftsteller, könne eigentlich nur nach dem Tode gespendet werden – denn niemand ist während seines Lebens glücklich zu preisen. *Memo ante mortem beatus.* Aber da ich das Lob des Lobens verkünde, halte ich mich mit solchen Nebensächlichkeiten nicht auf, oder?

Immerhin hat schon der große Aristoteles (vergessen wir nicht: er war der Lehrer des großen Alexander) ein Register von lobenswerten Eigenschaften zusammengestellt. Er nennt sie Tugenden der Seele: Gerechtigkeit, Tapferkeit, Maßhalten, Größe, Hochherzigkeit, Freigiebigkeit, Sanftmut, Einsicht und Weisheit. Es sind alles Tugenden der Seele und daher an und für sich schon lobenswert. Die „außerseelischen" Güter muss man nicht loben, meint Aristoteles. Hohe Geburt, Stärke, Schönheit und Reichtum haben in einer Laudatio, sagt der Weise, eigentlich nichts zu suchen, weil der Gelobte diese Güter gleichsam geschenkt bekommen hat.

Auf der anderen Seite des Mittelmeers hat Cicero, der große Lobredner, sein eigenes Register zusammengestellt. Auch für ihn sind die Tugenden der Seele lobenswert – Klugheit, Gerechtigkeit, Tapferkeit und Maßhalten. Es ist gerade dieses Maßhalten, die Temperantia, die den Griechen und Römern so wichtig schien. Im dritten Jahrtausend ist das Wort nicht mehr gebräuchlich. Bis jetzt zumindest.

Gelobt wurden in der Antike freilich nicht nur Menschen, sondern auch Städte und ganze Länder. Es gab, lese ich bei den Römern, *Laudes Italiae* und *Laudes Romae*. Dass sich solches Lob bis in die heutige Zeit fortgepflanzt hat, darf gebührend vermerkt werden. Städtelob und Länderlob ist nach wie vor gebräuchlich, der Boden leicht vom „Land, wo die Zitronen blühen" bis zu jenem Lied, das nicht nur den Heimwehkranken die Tränen in die Augen treibt: „Wien, Wien, nur du allein …". Freilich, es gibt kaum eine Stadt, deren Lob so von Schmalz trieft wie die österreichische Metropole. Da macht sich Berlin, wo Hildegard Knef noch einen Koffer hatte, geradezu keusch aus.

Verständlich, dass in den alten Aufzeichnungen vor allem Lobreden auf Kaiser und Fürsten erwähnt werden. Man müsse etwa, hieß es, zuerst auf die Schwierigkeiten zu sprechen kommen, die Rede überhaupt halten zu können. Dann sollte die Vaterstadt des Kaisers oder des Volkes, aus dem der Kaiser kommt, gelobt werden, schließlich die hohe Geburt und dann erst die Taten, die vollbracht wurden. Aber nicht nur die offiziellen Anlässe waren es, bei denen Lobreden gehalten wurden; auch im häuslichen Kreis, bei Hochzeiten, Geburten, Preisverleihungen (auch das gab es damals, und nicht zu knapp) wurden Laudationes gehalten. Hat sich heute viel geändert?

Vielleicht in einem: Auf den Schrifttafeln, an öffentlichen Bauten angebracht, wird Lob nicht den Steuerzahlern gezollt, sondern den „Bauherren", die zumeist Politiker sind. Das Motto „schon die alten Römer" gilt in diesem Fall nicht.

Theorie der Lobrede! Diese muss wahr sein. Lobreden dulden keinen Widerspruch. Die Zuhörer seien, heißt es, in eine „rituelle Gemeinschaft" einzubeziehen. „Harmonisierung aller Gegensätze wird angestrebt, wechselseitige Bestätigung ist die Regel, Problematisierungen bleiben unerwünscht", zitiert Frau Zimmermann altes Schrifttum. Aristoteles legte Wert darauf, dass in der Lobrede keine Auseinandersetzung über Strittiges enthalten sein dürfe. Sie müsse vielmehr „erbaulich und unverbindlich, vertraut und besänftigend, kurz: rundweg affirmativ" sein. Das fällt offenbar nicht schwer, weil die Zuhörer von Lobreden, „ähnlich dem Theaterpublikum nach gewisser Zeit endlos provozierbar" scheinen. Inwieweit solches auch für das neuzeitliche Regietheater gilt, steht hier nicht zur Debatte.

Wie man sieht, ist schon bei Aristoteles und seinen philosophischen Nachfahren auch Kritik an der Lobrede angebracht. Sie war schwer und ist, wie wir gleich sehen werden, heute fast noch schwieriger. Sie mochte faszinierend sein, sollte aber durch „gezielte Unterbrechungen" entzaubert werden. Sie sollte schließlich auch informieren. Man sieht: Lobredner und Lobredenkritiker halten einander die Waage. Heute wiegt die Kritik mehr als die Rede. Sie wird freilich zumeist hinter vorgehaltener Hand geäußert.

Was Hund und Katze freut

„Guter Hund, braver Hund!" Wenn das Tier gehorcht, wird es gelobt. Wenn das Tier gelobt wird, gehorcht es. Ein gleichsam emotioneller Kreis, den die Tierpsychologie zur Wissenschaft erhoben hat. Pawlow wusste, warum er dem Prinzip der bedingten Konditionierung seinen Namen gab. Ein Prinzip? Ein eminent wichtiger Teil des Problems, ob Lob, das man Tieren spendet, so aufgenommen und akzeptiert wird, wie es der Lobende gerne haben möchte. „Guter Hund, braver Hund!" – wir warten auf die Reaktion. Aber will er wirklich gelobt werden, unser Hund?
Nichts ist so schwer, als sich darüber Gedanken zu machen, wie, warum und wo man Tiere loben soll – vorausgesetzt sie verdienen es. Und nichts ist so schwierig für unser einen, als herauszufinden, wann ein Tier Lob verdient. An und für sich gilt natürlich auch für unsere vierbeinigen Freunde und Freundinnen das Motto, das eben diesem Buch den Titel gab: Lob des Lobens. Auch Tiere wollen und sollen gelobt werden. Und da sind nicht nur die Haustiere gemeint, die *pets*. Jeder Zirkusbesucher kann sich davon überzeugen. Dressur ohne Lob ist nicht möglich. Das gilt für den Elefanten genauso wie für den Spitz oder die weiße Maus. Bemerkung am Rande: Natürlich kann man auch Ratten dressieren, diese besonders Klugen unter den Säugetieren. Sie schätzen einen besonderen Leckerbissen: Erdnussbutter. Nein, das ist kein Scherz, Zoologen wissen es.
Halten wir vorerst einmal fest: Vierbeiner sind für Lob empfänglich, ob es nun Dickhäuter sind oder Meer-

schweinchen. Es gibt kein Tier, das es nicht spürt, wenn man ihm gut will. Der Hund wedelt dann mit dem Schwanz. Es gibt, zumindest in unseren Breiten, keine bösen Tiere. Manche werden nur böse gemacht, und zwar von den Menschen.

Iwan Petrowitsch Pawlow: Der russische Physiologe, der den konditionierten Reflex studierte (er hat 1904 den Nobelpreis bekommen), hat, laienhaft ausgedrückt, den konditionierten Reflex mit Nahrungsaufnahme gleichgesetzt. Wenn eine Glocke läutet, weiß die Ratte, dass es Essenszeit ist – *Time for Peanut Butter*, könnte man sagen. Und Belohnung, in diesem Fall natürlich auch mit Lob gleichzusetzen, kann sich für Tiere in zweierlei Hinsicht manifestieren: Wenn du brav bist, bekommst du Gutes zu Fressen. Wenn du brav bist, wirst du gestreichelt.

Bleiben wir beim Fressen. Es nimmt in unserer zu Recht tierliebenden Gesellschaft einen besonderen Platz ein. Bisweilen, wie ich glaube, einen zu wichtigen. Ich habe es einmal gewagt, in meiner Kolumne in der *Presse* die Tatsache zu rügen, dass es immer wieder TV-Werbespots gibt, die besonders leckere, feine, köstliche Mahlzeiten für Hunde oder Katzen anbieten. Ich habe diesen Beiträgen entgegengehalten, dass auf der Welt täglich hunderte, ja tausende von Kindern verhungern. Die Wut fanatischer Tierfreunde war maßlos, ich erhielt dutzendweise fast gleich lautende zornige Briefe.

Dass auch Experten der Veterinärmedizin meiner Meinung waren, tut nichts zur Sache. Faktum ist jedenfalls, dass die Relation Fressen – Belohnung eine selbstverständliche ist und andererseits auch eine der Strafe. Gewohnte Leckerbissen vorzuhalten, sei ein hervorragendes Erziehungsmittel, wurde mir von Experten erklärt.

Wann Tiere zu loben sind, scheint eine Wissenschaft zu sein. Sie sind es jedenfalls dann, wenn sie zuerst einer For-

derung gehorchen. Soll heißen: wenn sie dem Wunsch des Alphatyps entsprechen. Viele Tiere treten in Rudeln auf. Die Hunde gehören dazu. Sie sind von Natur aus gewohnt, einem Anführer zu folgen. Heute ist es der Mensch.
Fordern, dann loben: Die Tiere merken es sich. Die Hunde zumal. Wie alle Vierbeiner schätzen sie Körperkontakt. Aber Angst, sagt der Experte, ist mit Streicheln nicht zu beheben. Noch mehr Angst wäre die Folge: Wenn ich Angst zeige, werde ich gestreichelt. Angst darf nicht belohnt werden. Das gelte, wird mir, dem Laien, erläutert, auch für tierische Raufbolde. Beruhigendes Streicheln habe demnach oft auch gegenteilige Folgen.
Ist es sinnvoll, Katzen zu loben? Sie sind anders geartet als Hunde, suchen mehr Körperkontakt, reagieren ansonsten weniger auf Lob, was jeder Katzenfreund bestätigen wird. Gilt dies auch für Großkatzen, für die Tiger im Zirkus etwa? Lob ist eine erwünschte Folge der Dressur. Der Seelöwe, der Männchen macht, erhält als Lohn einen Fisch und wird gelobt. Dass er sich darüber freut, kann man fast sehen.
Auch Pferde reagieren auf Lob. Für sie ist Körperkontakt nicht weniger wichtig als für andere vierbeinige Lebewesen. Man merke dies nicht zuletzt beim Striegeln, heißt es. Für sie gilt, was auch anderen Tieren eigen ist: Sie erwarten Lob, wenn sie eine Leistung vollbracht haben. Es ist nicht zuletzt die menschliche Stimme, auf die sie reagieren. Die beruhigende Stimme. Das Zureden.
In Wien kann man dies an jedem Fiaker-Standplatz sehen. Die Tiere lassen erkennen, dass sie zufrieden sind, dass sie gepflegt werden, dass sie oft gelobt werden. Eines der beliebtesten Wienerlieder ist ihnen und ihrem Herrn gewidmet, das *Fiakerlied*:

I hab' zwa harbe Rappen,
mei' Zeug'l steht am Grab'n,

*a so wia de zwa trab'n
wern's net viel g'sehen hab'n.
A Peitschen, na des gibt's net,
ui jessas, nur net schlag'n,
das allermeiste wär tsch tsch,
sonst z'reißen's mir in Wag'n.*

Ui jessas, nur net schlag'n. Freilich: Was gestraft werden muss, soll bestraft werden.

Gewiss ist das alles primitiv ausgedrückt, laienhaft, allzu vereinfacht. Aber es gilt hier, was ich auch in den anderen Kapiteln schrieb: Was lobenswert ist, soll gelobt werden. Was gestraft werden muss, soll bestraft werden. Aber um Himmels Willen nicht durch Schläge! An der Wiener Universität für Veterinärmedizin (früher hieß sie Tierärztliche Hochschule) nimmt man den Futterentzug als geeignetes Erziehungsmittel – sollte dies notwendig sein. Noch wichtiger aber sei eine Verknüpfung von Wort und Belohnung, heißt es. Also wieder: „Guter Hund, braver Hund!" Oder vielleicht doch ein zusätzlicher Leckerbissen?

Es geht auch anders. Jimmy, der Dalmatiner aus der Nachbarwohnung, bellte immer vor der verschlossenen Tür, wenn er vom Spaziergang kam. Er wusste, dass im Vorzimmer der Fressnapf stand, und lärmempfindliche Ohren waren ihm egal. Ich erkundigte mich bei einem Veterinärmediziner nach allfälliger Remedur. „Wenn er erfährt, dass hinter der Tür nicht das Futter auf ihn wartet, wird er es sich bald merken und nicht mehr bellen", sagte der Experte.

Futterentzug oder Lobentzug? Strafe oder beruhigende Worte? Im Fall von Jimmy, dem Dalmatiner, wird die Sache schwierig. Diese Rasse weise häufig einen genetischen Fehler auf. Die Tiere seien oft auf einem Ohr taub, gelegentlich auch auf beiden. Vielleicht kann Jimmy nicht hören, wenn man ihm sagt, dass er kein guter Hund sei?

Ich lobe ihn trotzdem – auch wenn es mir schwer fällt. Was kann er denn dafür, dass er schwerhörig ist?

Es gibt Menschen, die der Esoterik huldigen. Die feinfühlig sind, Dinge spüren, von denen die anderen nichts wissen. Sie glauben erfahren zu haben, dass sogar Pflanzen für Lob empfänglich sind. Sie streicheln die Blätter ihrer botanischen Hausgenossen. Und schwören, dass diese dann besser wachsen.

Dass es glückliche Pflanzen gibt, kann nicht bewiesen, freilich auch nicht bestritten werden. Dass sie auf gutes Zureden reagieren, mutet zwar sonderbar an, es gibt aber viele Menschen, die solches behaupten. Wenn dein Philodendron oder deine Zimmerpalme den Kopf – sprich: die Blätter – hängen lassen, sprich mit ihnen! Lobe sie, wenn du siehst, dass sie neues Grün entwickelt! Skurril? Es gibt Leute, die darauf schwören.

Denn das Loben sei auch im Pflanzenreich beliebt, behaupten viele. Sogar Botaniker sind darunter. Lob ist nun einmal beziehungsfördernd und offenbar nicht nur im Tier-, sondern auch im Pflanzenreich.

Ist es ein gutes Land?

Lob hinter vorgehaltener Hand. Häufig ist es der Fall, gezwungen oder freiwillig. Ich habe es schon erwähnt: Mitunter ist es zwar nicht ausgesprochen gefährlich, Lob zu spenden, aber nicht schick. Fast spießerisch. Wer fortschrittlich ist, lobt nur selten, weil es allzu oft dem widerspricht, was wir als Zeitgeist verstehen.

Zu den Kardinalfragen, die in diesem Buch gestellt werden, also: Wie, wann, was und wie oft soll ich loben, kann ich loben, darf ich loben? – gesellt sich, wie gesagt, eine andere, die eben nach dem Zeitgeist. Lob ist eine Frage des Zeit- und Standpunkts. Dass gefährlich sein kann, was in früheren Zeiten lobenswert schien, ist eine Binsenweisheit. Dass die Meinungsfreiheit zwar nicht eingeschränkt, aber doch eingedämmt scheint, wenn es um das Lob und das Lobenswerte geht, darf als sicher angenommen werden.

Es ist ja gleichfalls eine Binsenweisheit, dass sich das Positive (oder was als positiv galt) mit der Zeit ändert. Was heute im Lehrplan der Schulen steht, unterscheidet sich in vielem von dem, was wir seinerzeit lernen mussten. Das aber gilt natürlich nicht nur für den Schulunterricht. Noch einmal möchte ich zitieren, was Barbara Tuchman als Meinung eines britischen Historikers anführte: Die moralischen Vorstellungen der Gegenwärtigen seien nicht immer deckungsgleich mit jenen der Vergangenheit. Und ich darf abermals hinzufügen: Was passiert ist, könne kaum jemand ermessen, der damals nicht gelebt hat.

Es gibt geschichtliche Epochen, deren Wertschätzung allgemein gültig ist und sich über die Jahrtausende hinweg erhalten hat. Dass das Zeitalter des Perikles für Athen, wie es in den Geschichtsbüchern heißt, ein „goldenes" war, ist

unbestritten. Dass es eine ganze Reihe von „Heldenzeitaltern" gegeben hat im Laufe der Zeit, wissen wir; ob sie lobenswert waren, mag dahingestellt bleiben. Mit der Wertung solcher Epochen und mit deren Lobwürdigkeit ist es eben so eine Sache: Ehe man sich's versieht, ist kritik- oder gar tadelswürdig, was früher noch gepriesen wurde.
Eine geschichtliche Periode lobenswert zu finden, hängt vom erwähnten Standpunkt, aber auch von der Geisteshaltung des Lobenden ab. Als Jörg Haider im Kärntner Landtag von der „ordentlichen Beschäftigungspolitik" im Dritten Reich, also unter dem NS-Regime, sprach, musste er als Landeshauptmann zurücktreten – freilich nur auf Zeit. In Italien konnte man noch vor kurzem Mussolini-Figuren in Raststellen kaufen, und in Russland wird es nicht mehr fast als ein Vergehen angesehen, die Stalin-Diktatur zu loben, wenn man glaubt, dass sie lobenswert sei; es gibt eine Menge Leute dort, die sich offen zur kommunistischen Vergangenheit ihres Landes bekennen, Stalin loben und das Ende der Sowjetunion bedauern.
Lob hinter vorgehaltener Hand? *Hoch Habsburg* ist der Titel eines beliebten Marsches, den Bundesheerkapellen heute noch spielen. Weil die Menschen nicht mehr wissen, wie das Musikstück heißt, hören sie es gerne. Ansonsten ist Lob für die Monarchie hierzulande ein Anachronismus und allenfalls noch für den Legitimisten erlaubt. Österreich ist eine demokratische Republik, ihr Recht geht vom Volk aus. Vom „viel gerühmten Österreich", das hart umfehdet und wild umstritten sei und eben deswegen auch viel gerühmt, singen wir zwar in der Bundeshymne, aber eher gedankenlos. Dass das Wort „rühmen" natürlich auch „loben" meint, wird kaum beachtet. Österreich zu rühmen und zu loben, bleibt seinen Menschen fast nur dann vorbehalten, wenn sie sich im Ausland aufhalten. Dann lassen wir nichts kommen über

unser Land. Ausnahmen, leider auch auf Politiker gemünzt, können vorkommen.

Die moralischen Vorstellungen der Gegenwärtigen können sich von jenen früherer Generationen unterscheiden, zitierte sinngemäß Barbara Tuchman. Ich darf ergänzen, und ich möchte Österreich als Beispiel nehmen: Heute werden an dieses Land andere (viele sagen: strengere) Maßstäbe angelegt als ehedem. Das Vielgeliebte, von dem die Bundeshymne singt, wurde zum Vielkritisierten, was durchaus plausibel und auch richtig ist. Aber es ist auch relativ oft zum „Vielgeschmähten" geworden. Es sind, siehe Tuchman, in erster Linie die Nachgeborenen, die da in der ersten Reihe stehen.

Als 1946 inmitten von Ruinen „Tausend Jahre Österreich" begangen wurde, weil 946 der Name *Ostarrîchi* erstmals in einer Urkunde auftauchte, wurden in den Schulen Feiern abgehalten, auch im Wiener Akademischen Gymnasium. Im historisierenden Festsaal versammelten sich die Schüler zu einem Gedenkprogramm. Und auch jenes „Loblied auf Österreich" wurde vorgetragen, das Grillparzer in seinem Drama *König Ottokars Glück und Ende* dem Ottokar von Horneck in den Mund legte. Ich, ausgerechnet ich (und ich bin aus vielerlei Gründen stolz darauf) durfte den Monolog, den ich vorher intensiv geprobt hatte, vor Lehrern und Schulkameraden deklamieren. Österreich zu loben, war uns Buben selbstverständlich. Und Grillparzer, den wir gleichsam als unseren „Nationaldichter" betrachten, hat ausgedrückt, was wir in dieser Zeit alle dachten: Ein gutes Land! Erstaunlich, dass man das „Loblied" immer noch zitieren darf, ohne als ewig Gestriger betrachtet zu werden. In der Tat, es ist ein gutes Land:

Wo habt ihr dessen Gleichen schon gesehen?
Schaut rings umher, wohin der Blick sich wendet,

Lacht's wie beim Bräutigam die Braut entgegen.
Mit hellem Wiesengrün und Staatengold,
Von Lein und Safran gelb und blau gestickt,
Von Blumen süß durchwürzt und edlem Kraut,
Schweift es in breitgestreckten Tälern hin –
Ein voller Blumenstrauß, so weit es reicht,
Vom Silberband der Donau rings umwunden –
Hebt sich's empor zu Hügeln voller Wein,
Wo auf und auf die goldne Traube hängt
Und schwellend reift in Gottes Sonnenglanze;
Der bunte Wald voll Jagdlust krönt das Ganze.
Und Gottes lauer Hauch schwebt drüber hin
Und wärmt und reift und macht die Pulse schlagen,
Wie nie ein Puls auf kalten Steppen schlägt,
Drum ist der Österreicher froh und frank,
Trägt seine Fehl, trägt offen seine Freuden,
Beneidet nicht, lässt lieber sich beneiden!
Und was er tut, ist frohen Muts getan.
's ist möglich, dass in Sachsen und beim Rhein
Es Leute gibt, die mehr in Büchern lasen;
Allein, was Not tut und was Gott gefällt,
Der klare Blick, der offne, richt'ge Sinn,
Da tritt der Österreicher hin vor jeden,
Denkt sich sein Teil und lässt die andern reden!

Im Staatsvertragsjahr 1955 ist das Burgtheater, das 1945 nach einem Bombenangriff ausbrannte, mit einer Festvorstellung des *Ottokar* feierlich wieder eröffnet worden. Ich war auch damals, diesmal als *Presse*-Reporter, dabei und erlebte, wie nach dem „Loblied auf Österreich", gesprochen von Raoul Aslan als Ottokar von Horneck, Minuten lang Beifall toste. Der einstige Burgtheter-Direktor Anton Wildgans hätte 1929 anlässlich des Gründungstages der Republik in Stockholm eine andere *Rede über Österreich*

halten sollen, musste aber dann krankheitshalber absagen und verlas sie 1930 in Wien im Radio. 1964 ist sie als Geschenk der „Ersten Österreichischen Spar-Casse" an die Wiener Schuljugend verteilt worden. Wieder war es Lob, diesmal gemünzt auf die Republik:
„Ja, meine Damen und Herren, ich wage dieses Bekenntnis zum österreichischen Menschen, obwohl ich dadurch mit einer Tradition breche, an welcher der Österreicher bisher, besonders wenn er ins Ausland ging, sehr zu seinem Nachteile festzuhalten pflegte. Jetzt aber, da wir, wieder einmal von vorne beginnend, eine Erbschaft an Kultur übernommen haben, wie sie bedeutender nicht sein kann, jetzt aber, da wir im Begriff sind, dieses kostbare Inventar in unser neues, wenn auch kleineres Haus einzubauen und es zu verwalten, nicht als engherzige Eigentümer, sondern gleichsam als Treuhänder der gesamten kultivierten Menschheit, in diesem wichtigen und hoffnungsvollen Augenblick ist es an der Zeit, der Unart falscher Bescheidenheit und allzu unbedenklicher Selbstpreisgabe zu entsagen und in uns allmählich ein anderes heranzubilden, nämlich das historische Bewusstsein und den Stolz des Österreichers!"
Anton Wildgans hat in dieser überschwänglichen Lobrede freilich auch Kritisches nicht ausgeklammert. Man habe, schrieb er, „einen gewissen Konservativismus und ein gewisses Zögern gegenüber dem Fortschritt und dem jeweils Neuen nachgesagt, und dieser Leumund hat etwas Wahres in sich. Indessen, wem historisches Bewusstsein und Psychologie zum Instinkt geworden sind, der neigt dazu, nicht gleich in jedem Wechsel der Dinge einen Fortschritt zu erblicken; und wer alte Kultur besitzt, der beruht zu sehr in sich und ist seines Geschmackes viel zu sicher, als daß er in jedem Neuen alsogleich ein Evangelium vermutete. Ihm fehlt jene Barbarenfreude am Wertlos-Glitzernden, das sich für kostbar-echt ausschreit, die protzige Lust

des Kulturparvenüs an den sogenannten Errungenschaften, die zumeist höchstens solche der Zivilisation sind, und er durchschaut so manchen Pofel und Schwindel, auf den die ewigen Heutigen, die nur wenig oder keinerlei Tradition über Bord zu werfen haben, pünktlich und reklamegläubig hineinfallen. Mag sein, daß er dabei nicht immer ganz auf der Höhe der Zeit einherschreitet, aber er wird dafür auch nicht so leicht und ahnungslos in ihre Abgründe stürzen. Mag sein, daß er das jeweils vorgeschriebene Tempo nicht ganz und gar mitmacht und nicht behende genug mittut im Veitstanze einer immer mehr entheiligenden Zivilisation, aber er wird dafür ein anderes bewahren, worauf es denn doch vielleicht einmal noch ankommen wird, wenn die Völker der Erde dereinst etwa nach anderen Maßen als denen der Gewalt- und Konkurrenzfähigkeit gezählt und gewogen werden sollten: das menschliche Herz und die menschliche Seele!"

Grillparzer und Wildgans. Die Monarchie und die Republik. Zweimal Lob auf Österreich. Zu Beginn des dritten Jahrtausends ist noch keines gespendet worden. Ganz im Gegenteil: Da ist Kritik, Tadel, gelegentlich sogar Spott. Die vielzitierten Nachgeborenen nehmen sich kein Blatt vor den Mund, auch kein Zeitungsblatt. Der Stolz auf Österreich, den Wildgans zitiert und Grillparzer formuliert, wird durch die Begriffe „Aufarbeitung" und „Bewältigung" ersetzt.

Als ich im Akademischen Gymnasium das „Loblied auf Österreich" deklamieren durfte, hieß der Schwarzenbergplatz Stalinplatz, die Laxenburgerstraße war nach dem (damals sowjetischen) Marschall Tolbuchin benannt und nach Floridsdorf kam man über die Malinowsky-Brücke. Wir Schüler ahnten nicht, dass man das, was in den Jahren danach geschah, als „Mythos des Wiederaufbaus" bezeichnen würde. So, als ob vermeintliche Wortführer der späten

Nachkriegsgenerationen wüssten, dass jede Art von Lob auf Österreich im Grunde eine Chimäre sei oder jedenfalls eine Übertreibung.

Der Beifall in der Eröffnungsvorstellung des Burgtheaters anno 1955 ist längst verklungen. Heute ist jene Wahrheit angesagt, von der schon Pontius Pilatus wissen wollte, was darunter zu verstehen sei. Heute wissen die Medien genau, warum es falsch sei, sein Land zu loben, da es doch weitaus opportuner sei, es zu schelten, am Ende gar zu diffamieren. Hier fällt einem wieder das Evangelium ein: „Mit ihrem Geschrei setzten sie sich durch." Das war, als Jesus vor Pilatus stand und dieser wissen wollte, was Wahrheit sei. Gewiss, unwahres Lob ist Lüge – auch wenn sie als solche nicht erkannt wird. Unwahr ist, dass dieses Österreich keine Gedankenfehler, vielleicht auch keine Charakterfehler hat. Aber wahr ist, dass es dennoch gelobt werden darf. Alle Umfragen der letzten Jahre beweisen dies. Die Mehrheit, und sei es auch die schweigende, ist stolz. Sie hält es mit Grillparzer und lässt die anderen reden.

Epilog

Lob des Lobens. In der Tat: Das Lob ist selbst zu loben. Am Ende darf ich die Frage wiederholen, die ich zu Beginn gestellt habe: Warum loben wir zu selten? Oder auch: Habe ich heute schon gelobt?

Nein, ich habe nicht. Hast du schon gelobt? Nein, du auch nicht. Warum solltest du, warum sollte ich? Lob ist nicht notwendig. Und was die Anerkennung betrifft: Auch die ist unnötig. Du musst ja selbst wissen, ob du gut oder schlecht gearbeitet hast, du weißt selbst, ob deine Stellung in der Familie, im Unternehmen, im Freundeskreis deinen Wünschen entspricht. Wenn es nicht so ist, bist du unzufrieden. Du könntest sogar krank werden, ohne dass du es gleich merkst. Viktor Frankl sprach von der „Pathologie des Zeitgeistes". „Wo Sinn- und Wertelosigkeit herrschen, erkranken Menschen, Unternehmen, Wirtschaft und die Gesellschaft", schreibt Anna Maria Pircher-Friedrich.

Anerkennung? Sie zu übermitteln, gar auszusprechen, ist heute nicht mehr „in". Das postmoderne Denken beachtet nicht, was da an Wesentlichem verloren geht. Und gar Lob auszusprechen, ist vollends überflüssig. Sie wissen ja: Wer schweigt, scheint zuzustimmen. Wenn die Menschen mit meiner Arbeit zufrieden sind, wird sie schweigend, aber mit Zustimmung akzeptiert. Also bin ich zufrieden. Ob ich glücklich bin, wenn ich kaum ein Wort der Anerkennung und schon gar keines des Lobs vernehme, tut nichts.

Aber wir wissen es oder sollten es wissen: Lob macht glücklich, ebenso wie das Gefühl, nicht anerkannt zu werden, fast schon eine Anleitung zum Unglücklichsein ist. Irgendwie haben Anerkennung und Lob etwas mit Glück zu tun.

Sie sind – ich sagte es schon – positive Wesensmerkmale zwischenmenschlicher Beziehungen.

Freilich, Glück ist ebenso wie Zufriedenheit schwer zu definieren. In Ferdinand Raimunds *Bauer als Millionär* – es war mein erster Burgtheater-Besuch, noch im Krieg – ließ man die besagte Zufriedenheit im Dirndl auftreten. Sie war solcher Art als Österreicherin deklariert. Aber Raimund, obgleich viel gelobt, war, wie man weiß, zutiefst unglücklich. Ein Widerspruch, oder?

Habe ich heute schon gelobt? Hast du heute schon gelobt? Nicht im Gasthaus, wenn du gefragt wirst: „Hat's geschmeckt?" Dort vielmehr, wo dir ein Schulkind in der Straßenbahn seinen Platz überlässt. Sie würden sich wundern, aber es ist keineswegs mehr selbstverständlich. Oder in der Schlange vor der Kasse des Supermarkts, wenn du nur einen Artikel gekauft hast und bittest, vorgehen zu dürfen. Du bedankst dich, und man kann auch dies schon als Lob verstehen, weil Rücksichtnahme längst nicht mehr üblich ist.

Ich habe den hilfsbereiten Autobuschauffeur gelobt. Ich habe die Aufzugfirma gelobt, weil sie die Reparatur rechtzeitig beendete. Ich lobe das kleine Mädchen, das mir die Haustüre aufhält. Ich habe gelernt, zu loben, wo und was mir lobenswert erscheint.

Ich habe es spät gelernt, aber ich übe fleißig. Denn das Loben ist lobenswert.

Der Autor

Thomas Chorherr, geboren 1932, war langjähriger Chefredakteur und Herausgeber der Wiener Tageszeitung *Die Presse* und ist Vizepräsident des Presseclubs Concordia. Thomas Chorherr ist Autor zahlreicher Bücher und war auch für TV und Radio tätig.